Sonia Choquette

Gib deinem Leben eine Richtung

Sonia Choquette

Gib deinem Leben eine Richtung

Der inneren Stimme vertrauen und Träume verwirklichen

Ich widme dieses Buch meiner Familie:
Patrick, Sonia und Sabrina,
die mir einfach eine Freude sind.

Titel der Originalausgabe:
The Answer is Simple ... love yourself, live your spirit

Copyright © 2008 by Sonia Choquette
Hay House, UK
Deutsche Ausgabe:
© 2011 KOHA-Verlag GmbH Burgrain
Alle Rechte vorbehalten
Aus dem Englischen von Hanna Goldbach
Lektorat und Satz: Birgit-Inga Weber
Gesamtherstellung: Karin Schnellbach
Umschlaggestaltung: Guter Punkt, München | www.guter-punkt.de
unter Verwendung von Motiven von Shutterstock
Druck: Bercker, Kevelaer
ISBN 978-3-86728-157-7

Inhalt

Einleitung

Schon in jüngeren Jahren habe ich intensiv mit anderen gearbeitet, sie durch die Herausforderungen des Lebens hindurchbegleitet und ihnen geholfen, den direktesten und befriedigendsten Weg zu einem erfüllten Leben zu finden.

Ich habe mit Menschen aus aller Welt gesprochen – in Indien, Südafrika, Europa, Kanada, Südamerika und den Vereinigten Staaten. Ich habe mit hochgebildeten Akademikern geredet, mit Menschen aus der Arbeiterklasse und mit etlichen, die nicht wussten, woher ihre nächste Mahlzeit kommen würde. Ich habe mit Jungen, Alten, Singles, Verheirateten, Geschiedenen und Verwitweten geredet. Manche von ihnen hatten ein bezauberndes, anmutiges Leben, andere mussten ungeheure Tragödien erleiden. Aus all diesen Begegnungen habe ich zweierlei gelernt:

1. Das Leben ist eine Schule. Wir sind hier, um zu entdecken, wie wir die jeweiligen Umstände überwinden und mit dem uns Gegebenen das Leben erschaffen können, das wir uns wünschen.

2. Wir werden unsere Träume nie erfolgreich umsetzen, wenn wir es ausschließlich vom Ego, vom Intellekt oder von den Emotionen her versuchen.

Nachdem ich Tausende von Menschen aus allen möglichen Lebensumständen erlebt habe, die mit allen nur denkbaren Vor- oder Nachteilen ausgestattet waren, kann ich mit Gewissheit sagen: Jene, die wirklich Erfolg haben – das heißt, die in ihrem Leben Frieden und Freude finden und ihre Erfahrungen genießen können –, gehen auf eine bestimmte Art und Weise an das Leben heran. Statt sich angesichts der Widrigkeiten des Lebens nur auf ihr Ego zu verlassen – ihre abwehrende, verunsicherte Persönlichkeit – und auf ihren intellektuellen Verstand, wenden sie sich an einen höheren Aspekt ihres Wesens, den GEIST in ihnen, und lassen sich von ihm leiten.

Wer sich daran erinnert, dass wir göttlicher Geist sind, und wer mit seinem GEIST in Harmonie lebt, erfreut sich höchster Zufriedenheit. Menschen, die sich selbst lieben und ihren GEIST leben, sind nicht mit weniger Problemen konfrontiert als jene, die sich nur an ihrem Ego und ihrem Intellekt orientieren. Das Leben ist, wie das Leben eben ist. Jeder von uns hat es schon erlebt: Wenn wir es uns gerade gemütlich gemacht hatten, mussten wir uns auf eine ganze Reihe neuer Herausforderungen einstellen – und zwar oft sehr schnell.

Nein, den inneren GEIST zu leben und zu lieben, bewahrt Sie nicht vor den Stürmen des Lebens. Aber es hilft Ihnen, sich möglichst schmerzlos und kreativ durch diese raue See zu navigieren und die Reise sogar zu genießen.

Das einzige Problem ist, dass sich so viele von uns von ihrem GEIST getrennt haben: Wir wissen kaum noch, dass es ihn gibt, geschweige denn, dass wir ihn lieben und leben können. Wenn wir uns dieses Teils unserer selbst nicht bewusst sind, können wir ihn weder nähren noch auf diesen wesentlichsten Aspekt unseres authentischen Selbst vertrauen. So bleiben wir in einem Teufelskreis der Angst und des Leidens stecken und verpassen die Freude und das schöpferische Wunder, eine göttliche Existenz zu leben. Das hat unser Schöpfer nicht für uns vorgesehen. Der EINE, der uns erschuf, möchte, dass wir ein schöpferisches Leben voller Freude und innerem Frieden führen, ein Leben als göttliche und heilige Wesen.

Deshalb habe ich dieses Buch geschrieben. Ich möchte Ihnen helfen, sich Ihres herrlichen, göttlichen GEISTES bewusst zu werden, und Sie lehren, wie Sie Ihr göttliches Wesen lieben und leben können – und zwar sofort und für immer. Es ist meine größte Leidenschaft und persönliche Freude, Menschen mit ihrem GEIST zu verbinden; ich widme mich dieser Aufgabe seit 35 Jahren. Der aufregendste Teil meiner Mission und Botschaft besteht darin, dass es im Grunde leicht ist, sich selbst lieben und seinen GEIST leben zu lernen, wenn man einmal die Wahrheit erkannt hat. Und die Wahrheit ist: Sie sind nicht Ihr Ego! Sie sind göttliche Wesen!

Sobald Sie diese Verbindung eingegangen sind, Ihr inneres Licht lieben und anfangen, Ihren GEIST zu leben, wird alles durch Licht und Freude belebt. Lieben und leben Sie Ihren GEIST, und Ihr Leben wird friedvoll fließen. Falls Sie sich zum Sklaven Ihres Ego machen und seiner Angst folgen, dann tut es das nicht. So einfach ist das.

Die zehn einfachen, aber notwendigen Schritte, um diese Verbindung aufzubauen und Ihre Wahrheit, Ihren authentischen GEIST zu erfahren, finden Sie auf den folgenden Seiten. Weil Sie dazu erschaffen wurden, ein fröhliches, friedvolles, magisches und höchst machtvolles heiliges Wesen zu sein, werden Sie feststellen, dass diese Richtlinien das Beste in Ihnen zum Vorschein bringen. Sie mögen Ihnen sogar entwaffnend simpel erscheinen. Lassen Sie sich davon nicht täuschen. Ich kann Ihnen versichern, was Sie hier lesen, sind nicht nur metaphysische Theorien, sondern bewährte, geerdete Praktiken, die Sie direkt zu Ihnen selbst zurückführen: zu Ihrem besten, heiligsten, vorzüglichsten und seligsten Selbst, frei von Angst und erfüllt von Licht. Ich bitte Sie nicht, mir zu glauben – ich bitte Sie nur, es auszuprobieren und sich dann selbst eine Meinung zu bilden. Viel Freude dabei!

Anmerkung

Ich habe dieses Buch in zehn einfache Schritte unterteilt. Jeder besteht aus zwei Abschnitten: Der erste erläutert einen Ansatz, wie Sie sich selbst lieben können; der zweite beschreibt eine konkrete Handlung, mit der Sie Ihre Selbstliebe und Ihre Hingabe an den GEIST stärken.

In der Mitte des Buches habe ich unter dem Titel »Das Herz der Sache« ein Zwischenspiel eingefügt. Dieser Abschnitt führt Sie in die vier Aspekte ein, die das Herz der Selbstliebe ausmachen – Offenheit, Klarheit, Weisheit und Mut –, und zeigt Ihnen, wie Sie die Fähigkeit in sich stärken können, sich selbst noch höher zu schätzen. Diese Lehren werden Ihnen helfen, Ihr Herz im Gleichgewicht zu halten und zu erkennen, welche Aspekte der Selbstliebe in Ihnen stark sind und welche noch mehr Aufmerksamkeit brauchen.

Sie können sich diesen Seiten auf jede beliebige Art nähern: Schritt für Schritt, einmal wöchentlich, Übung um Übung – oder wie auch immer Ihr GEIST Sie lenkt. Die Inhalte orientieren sich an keiner bestimmten Reihenfolge; es werden einfach die notwendigen Elemente aufgelistet, damit Sie sich aus der Angst und dem Zugriff des Ego lösen und sich mit der Freude und dem Licht des Göttlichen verbinden können.

Ich wünsche mir, dieses Buch möge Ihnen helfen, in das größte Liebesabenteuer einzutauchen, das Sie in Ihrem Leben je erfahren werden: das Liebesabenteuer mit Ihrem wundervollen, göttlichen, authentischen, heiligen GEIST. Sind Sie bereit?

Dann fangen wir an …

1. Schritt

Den GEIST erkennen

Worum es geht: Den GEIST erkennen

Dieser Schritt macht Sie damit bekannt, was Sie wahrhaft sind: ein göttlicher GEIST* und ein heiliges Kind Gottes. Hier wird unterschieden zwischen Ihrem falschen Selbst (Ihrem Ego) und Ihrem wahren, authentischen Selbst (Ihrem GEIST). Sie werden dabei unterstützt, Ihr heiliges Wesen anzunehmen. Mithilfe der Atemübungen gegen Ende des Kapitels verankern Sie diese neue Erkenntnis, lösen sich von der Ego-Gewohnheit des negativen Selbsturteils sowie der Angst und gewinnen Zugang zur Leichtigkeit des Herzens, die mit dem GEIST einhergeht.

Der erste Schritt, um sich selbst zu lieben und Ihren GEIST zu leben, besteht in der Erkenntnis, wer Sie in Wahrheit sind. So viele von uns sind mit der Überzeugung aufgewachsen, inakzeptabel, sündig, ja sogar ein verachtenswertes Wesen zu sein. Oft wurde uns zu verstehen gegeben, wir seien irgendwie verdorben, unrein und einfach nicht liebenswert.

Welche kulturellen, religiösen oder psychischen Gründe auch immer hinter dieser Botschaft verborgen waren – wir haben sie

---

* »Geist« steht im Zusammenhang dieses Buches für Spirit, also den spirituellen Geist, während »Geist« als Übersetzung für das englische Wort mind gewählt wurde, also den mentalen Geist meint. (Anm. d. Übers.)

übernommen, weil wir dazu neigen, im Außen nach Liebe zu suchen. Wir haben gelernt, wir seien nur unser Ego, unsere Persönlichkeit, die wir als ungenügend erleben. Es scheint, wir haben im Lauf der Zeit Millionen Mal von Millionen verschiedener Leute vermittelt bekommen, dass wir nur liebenswert sind und nur geliebt werden, wenn wir tun, was andere von uns erwarten.

Unerbittlich wurde uns eingeprägt, uns selbst gering zu schätzen und sowohl unseren Wert als auch unsere Liebenswürdigkeit daran zu messen, ob wir Anerkennung von außen bekommen. Viel Lob bedeutet, wir fühlen uns geliebt und liebenswert. Wenn es uns nicht so gut gelingt, Anerkennung zu erhalten, fühlen wir uns ungeliebt und nicht liebenswert. Das Problem ist, niemand kann sich genug Anerkennung verdienen, um sich ein ganzes Leben lang sicher geliebt zu fühlen. Anerkennung ist dafür viel zu unbeständig.

Durch das Ego nach Liebe zu suchen, von außen nach innen, ist ein vergebliches Unterfangen. Weil unsere Egos – die nicht unser wahres Selbst sind – sich nie genug geliebt fühlen, um zufrieden zu sein, und weil wir unser Umfeld nie zuverlässig steuern können, werden wir auf diesem Weg nie die ersehnte Liebe finden. Nachdem ich jahrelang mit so vielen Menschen eng zusammengearbeitet habe, wage ich zu behaupten, dass wir auf einer intuitiven, organischen Ebene sogar um die mangelnde Funktionstüchtigkeit dieses Systems wissen. Tief in uns ist den meisten von uns klar, dass uns die Anerkennung durch andere keine zufriedenstellende Selbstliebe geben wird. Wir können sie nur finden, indem wir uns selbst von innen heraus wertschätzen, von einem Ort in uns, der tiefer reicht als das Ego oder die Persönlichkeit.

Der Schlüssel liegt in der Erkenntnis, dass wir alle göttlicher GEIST sind – wundervolle, einzigartige Schöpfungen Gottes. Der heilige Vater/Mutter-Gott* hat uns allen Leben eingehaucht und ist in jeder Hinsicht glücklich über unsere Existenz. Es liegt bei uns, dies ebenso zu tun.

Selbstliebe beginnt mit dem Wissen, dass wir GEIST sind. Wir haben einen Körper. Wir haben eine Persönlichkeit. Wir haben Geschichte/History, Geschichten/Storys sowie Erfahrungen – aber wir sind all dieses nicht. Wir sind GEIST. Unser Körper, unser Ego, unsere Persönlichkeit und unser Intellekt sind Instrumente, durch die sich der GEIST in unserer physischen Verkörperung zum Ausdruck bringt. Sie sind nützlich. Sie färben und beeinflussen unsere Erfahrungen. Sie prägen unser Aussehen, unser Verhalten, unsere Reaktionen und unsere Entscheidungen. Sie machen das Leben interessant. Nichtsdestotrotz sind sie bloß Gerätschaften, derer sich unser GEIST bedient. Sie sind nicht, was wir sind.

Ich sage »unser GEIST«, weil es nur *einen* GEIST gibt, genauso wie es lediglich *ein* Feuer gibt. So wie die Flammen in einem Kamin, an einem Feuerzeug, in einem Brennofen oder bei einem Waldbrand alle Ausdruck eines einzigen Elements sind, sind auch wir alle einzigartige Ausdrucksformen des einen GEISTES.

Wenn das stimmt und uns (allen!) der eine göttliche GEIST Leben verleiht, dann können wir daraus schließen, dass es keine »anderen« gibt, keine Außenseiter, deren Zustimmung wir brauchen. Es gibt nur uns. Anders gesagt: Da ist kein anderer GEIST, der von uns getrennt ist und uns beurteilen könnte. Wir sind alle aus demselben Stoff gemacht; wir lernen und entwickeln uns unterschiedlich, dennoch sind wir alle gleich.

Betrachten Sie sich selbst und Ihr Leben durch die Brille Ihres Ego, werden Sie sich isoliert, ausgeschlossen, allein und anders füh-

---

* Dem Fluss der Sprache zuliebe wird in der deutschen Übersetzung für Gott das männliche Personalpronomen verwendet, ohne »ihn« dadurch auf diese eine Facette beschränken zu wollen. (Anm. d. Übers.)

len. Schauen Sie durch die Brille des GEISTES, wissend, dass wir alle eins sind, werden Sie sich immer sicher und geliebt fühlen.

Auch wenn Sie vielleicht eine weniger charismatische Persönlichkeit haben, einen weniger scharfen Intellekt und eine weniger hollywoodreife Figur, sind Sie doch eine großartige, bewundernswerte, wundervolle Manifestation des GEISTES – denn es ist nichts weniger als ein Wunder, wenn der Heilige GEIST Ihnen den ersten Atem einhaucht. Der Körper wird gebildet, doch ohne diesen Lebenshauch, diesen Funken göttlichen Bewusstseins, gibt es Sie nicht.

Sie sind göttlich. Sie sind aus Licht, Liebe und Gnade erschaffen. Sie sind heilig; Ihr Körper und Ihre Persönlichkeit sind die Hüter dieser heiligen Präsenz. Diese Göttlichkeit in Ihrem Wesen, Ihrem körperlichen Selbst zu beherbergen, ist ein Geschenk und sollte eine Freude sein. Ihre wahre Natur zu akzeptieren ist ein großer, nicht zu leugnender Schritt hin zur Selbstliebe.

Vor einigen Jahren habe ich diese Idee auch meiner Klientin Patty nahegebracht. Sie war das einzige Kind einer harten, zurückhaltenden, alleinerziehenden Mutter. Patty verbrachte ihre Kindheit in ständiger Furcht vor deren Geringschätzung und Kritik. Ihr ganzes Leben lang wurde ihr gesagt und gezeigt, dass sie nicht viel wert sei. In ihrem Streben nach Bestätigung und um der Pest der auf sie projizierten Selbstanklage etwas entgegenzuhalten, zeigte sie immer Bestleistungen: Als Klassenbeste hatte sie nur Einsen, sie galt als bester Babysitter der Nachbarschaft, war eine große Hilfe in der Gemeinde und allen eine gute Freundin. Aber sie liebte sich nicht selbst. Sie konnte es sich nicht einmal vorstellen, sich selbst zu *mögen*.

Um sich vor den psychischen Attacken zu schützen, mit denen ihr Ego ihren GEIST plagte, legte sie im Lauf der Jahre immer mehr Gewicht zu. Im Alter von 50 Jahren hatte sie gut 40 Kilo

Übergewicht und nahm weiter zu – sowohl was die Selbstanklage als auch was das Gewicht betraf.

In eben dieser Situation begegneten wir uns. Sie besuchte einen Workshop von mir in Chicago, in dem ich davon sprach, den eigenen GEIST im Herzen wie einen heiligen, geliebten Gast zu behandeln. Diese Vorstellung berührte sie zutiefst.

»Ich komme aus dem Süden«, erzählte sie schmunzelnd, »da ist es Ehrensache, eine hervorragende Gastgeberin zu sein. Aber mir wurde klar, dass ich meinem GEIST eine miserable Gastgeberin war. Es ist Zeit, das zu ändern, und sei es nur, um gute Manieren zu zeigen!«

Sie nahm die Herausforderung auf der Stelle an und fing an, ihren GEIST zu würdigen. Zunächst stellte sie in ihrem Haus eine ruhige, friedvolle Atmosphäre her. Sie achtete darauf, was sie über sich selbst sagte, um ihren GEIST nicht zu beleidigen. Sie bereitete sich gesunde, frische Speisen zu und nahm sich Zeit beim Essen, damit ihr GEIST die Nahrung genießen konnte. Sie sprach mit ihrem GEIST mit Respekt und Zuneigung, dankte ihm regelmäßig, dass er in ihrem Herzen ist, und fragte, wie sie es ihm dort wohnlicher machen könnte.

Sie hörte auf, auf das negative innerliche Feedback zu hören, das sie ihr ganzes Leben lang verfolgt hatte, und lauschte stattdessen mehr auf die Stimme ihres GEISTES. Und langsam veränderte sich etwas. Zuerst fiel ihr auf, dass sie besser schlief; und wegen des intensiveren Schlafs aß sie auch besser, vor allem weniger Zucker. Je besser sie sich ernährte, desto wohler fühlte sie sich und desto aktiver wurde sie. Sie schloss neue Freundschaften und nahm sukzessive ab. Sie hörte auf zu rauchen und fand eine neue Arbeitsstelle. Anderthalb Jahre später lernte sie einen netten Mann kennen und heiratete mit 53 Jahren zum ersten Mal.

Sie ist davon überzeugt, dass sie heiraten konnte, weil sich in ihrer Identität etwas verändert hatte. Solange sie den Anweisungen ihres Ego gefolgt war, hatte sie sich zu wenig liebenswert gefühlt, als dass sie irgendjemanden an sich herangelassen hätte. Sobald sie sich mit Respekt und Sorgfalt ihrem GEIST zuwandte, öffnete sie sich.

Bei der dritten Verabredung mit ihrem zukünftigen Ehemann sagte er zu ihr: »Ich liebe einfach deinen GEIST.«

»Ich auch«, antwortete sie. »Ich endlich auch.«

Sobald Sie sich entscheiden, Ihren GEIST anzuerkennen, besteht der nächste Schritt darin, ihn zu leben. Das bedeutet, Ihr höchst authentisches göttliches Selbst zu würdigen, sich zu erinnern, wer Sie wirklich sind, und es in der Welt zum Ausdruck zu bringen. Ihren GEIST zu leben bedeutet, sich über die Schmerzen und die Verwirrung des menschlichen Ego zu erheben und als das göttliche Wesen durchs Leben zu gehen, als das Sie erschaffen wurden. Das ist Ihre wahre Identität – das ist Ihr Daseinszweck, der göttliche Plan. Das ist der einzige Weg.

Einstein hat es wundervoll ausgedrückt: »Die Intuition ist ein heiliges Geschenk und die Ratio der treue Diener. Wir haben eine Gesellschaft erschaffen, die den Diener ehrt und das Geschenk vergessen hat.«

Deswegen bleiben wir auf der Basis des Ego erfolglos. Deshalb ist das Leben für viele ein endloses Drama und ein Kampf: weil wir dem minderwertigeren Führer gehorchen, der defensiv, unklar, schlecht informiert, verwirrt, leicht einzuschüchtern, selbstbezogen und furchtsam ist.

Und wie sehr wir das Ego auch verwöhnen (was es liebt) – es wird doch nie etwas anderes als das, was es ist: ein sich verstellender, verwirrter, defensiver, unsicherer, gieriger, fordernder Diktator, der uns als Geiseln hält und uns unsere Freude und unseren Frieden raubt.

Ihren GEIST zu leben ist nicht schwer: Sie brauchen sich nur von Ihrem Ego zu lösen und Ihrem Herzen zu folgen. Sie heben automatisch die energetische Frequenz Ihres GEISTES über ihr Ego, indem Sie einfache, aber aufrichtige tägliche Praktiken einüben – das heißt, indem Sie trainieren, auf Ihre innere Stimme zu hören, flexibel zu sein und gegebenenfalls die Richtung zu ändern, Ihr Herz offen zu halten und den ganzen Tag zu lachen. Je mehr Sie in der Frequenz des GEISTES schwingen, desto stärker wird die Verbindung. Und je kräftiger sie wird, desto klarer ist Ihnen die Richtung, die Ihnen Ihr GEIST weist.

Wenn Sie anfangen, Ihren GEIST zu leben, spüren Sie als Erstes seine Präsenz in Ihrem Herzen. Es ist ein konkretes, energetisches Empfinden. Manche nehmen es als feines Flattern wahr, andere als warmes Kribbeln, wieder andere als Erleichterung, als hätten sie ein wichtiges Puzzleteil gefunden. Für manche Menschen fühlt es sich einfach »richtig« oder »wahr« an. Auf jeden Fall fühlen Sie sich echt, authentisch, vollständig und zufrieden, wenn Sie Ihre Schwingung genug anheben, um sich mit Ihrem GEIST zu verbinden. Die ziellose Rastlosigkeit in Ihnen macht der Ruhe Platz. Die Leere füllt sich und Sie fangen an, sich zu entspannen und das Leben zu genießen.

Wenn Sie diese Verbindung mit dem GEIST stärken, erleben Sie noch andere deutliche Veränderungen:

- Ihr Bauch wird locker, Sie entspannen sich besser.
- Ihr Widerstand lässt nach und Ihr Herz öffnet sich.
- Ihre Atmung vertieft sich und die Spannung in Ihrem Körper beginnt sich zu lösen.

Denn wenn Sie zur Ganzheit zurückkehren, werden Sie sich sicherer fühlen. Weil Sie nicht mehr die fehlende Führung kompensieren müssen, wird allmählich jede Zelle Ihres Körpers, jeder Muskel und jede Sehne erleichtert sein. Weil der GEIST Lebenskraft bedeutet, fühlen Sie sich gleichzeitig jünger, optimistischer und lebendiger.

Burt war erst 63 Jahre alt, aber sein Ego quälte ihn mit so vielen Ängsten, dass er viel älter wirkte. Er litt unter Arthritis, Rückenschmerzen und Depressionen. Einmal pro Woche ging er zur Therapie; er nahm Antidepressiva und Schmerzmittel, doch er konnte sich kaum bewegen und hatte auch kein Verlangen danach. Die meiste Zeit verbrachte er zu Hause, wo er sich leidtat und sich ungeliebt fühlte. Seine Tochter hatte ihm vorgeschlagen, zu mir zu kommen, in der Hoffnung, ich könne ihm helfen, wieder ins Leben zurückzufinden, und er war einverstanden gewesen.

Als wir uns begegneten, konnte ich sehen, dass es weniger seine körperlichen Beschwerden als vielmehr seine Ängste und sein negatives Selbstbild waren, die ihm die Lebenskraft raubten. Ich gab ihm zu verstehen, sein GEIST sei gesund und wohlauf, nur seine Ängste hinderten ihn am Leben. Zu meiner Überraschung stimmte er zu.

»Ich weiß, dass mir eigentlich nichts fehlt«, gab er zu, »jedenfalls nichts, was sich nicht richten ließe, wenn ich wollte. Ich weiß nur nicht, wofür ich leben sollte, wenn es mir besser ginge. Ich fühle mich immer so unglücklich und unerfüllt, und ich weiß nicht, wie ich dieses Gefühl loswerden kann. Ich komme mir wie ein kompletter Versager vor.«

Ich ermutigte ihn, weiter zur Therapie zu gehen, aber darüber hinaus sich seines GEISTES zu entsinnen und anzufangen, ihn zu lieben und ihm zu folgen. Das war eine neue Idee für Burt.

»Hm«, meinte er nachdenklich, »mein GEIST? Ich glaube, wir gehen schon seit Jahren verschiedene Wege.«

»Warum?«, fragte ich.

»Ich weiß nicht«, antwortete er. »Ich glaube, es erschien mir leichter, ihn zu ignorieren, als ihm zu folgen … Ich dachte wohl auch, es sei zu spät dafür.«

»Wenn Sie diese Idee rückgängig machen könnten und Ihren GEIST zum Ausdruck brächten, was würden Sie dann tun?«

»Ich würde meine Gitarre zur Hand nehmen, ein paar Lieder schreiben und ein bisschen singen«, antwortete er ohne Zögern, als hätte er sich darüber bereits Gedanken gemacht. »Aber dafür bin ich jetzt wohl zu alt.«

»Kann sein«, erwiderte ich, »allerdings könnte es auch ein Jungbrunnen für Sie sein und wieder ein bisschen Leben in Ihre Knochen bringen. Haben Sie darüber schon mal nachgedacht?«

Er zog eine Grimasse, aber ich sah, dass er sehr wohl zugehört hatte. Nach langem Schweigen sagte er: »Vielleicht haben Sie recht. Es fühlt sich richtig an.« Er stand auf, streckte sich und erklärte: »Ich glaube, ich habe gehört, was ich hören musste. Vielen Dank.« Und er ging.

Sechs Monate später erhielt ich per Post ein Päckchen von ihm. Er schrieb: »Ich habe immer noch ab und zu Rückenschmerzen, aber ich bin nicht mehr depressiv und komme ein wenig herum. Ich dachte, vielleicht würden Sie gern ein paar Lieder hören, die ich geschrieben habe. Statt den Blues zu leben, singe ich jetzt den Blues, genau wie Sie vorgeschlagen haben, und ich muss zugeben, dass ich mich sehr viel wohler fühle. Vielen Dank also!«

Wenn Sie sich mehr mit Ihrem GEIST verbinden, lassen Sie sich weniger von dem ängstlichen, ständig ablaufenden Dialog Ihres Ego einfangen und beginnen, das Lied des Lebens tiefer wahrzunehmen. Sie können die Botschaften anderer und der Welt um Sie herum besser hören und aufnehmen. Sie hören nicht nur den Inhalt, sondern fangen an, auch die dahinterliegende Absicht zu bemerken.

Je mehr Sie Ihre Beziehung zu Ihrem GEIST stärken, desto mehr beruhigt sich das mentale Geschnatter Ihres Ego. Seine Verdächtigungen, Unsicherheiten, defensiven Dialoge und das ständige Wiederkäuen Ihrer nicht besonders erfolgreichen Vergangenheit nehmen ab. In dieser neuen Ruhe wird sich Ihre Aufmerksamkeit mehr auf die Klänge, Gefühle und Schwingungen Ihrer inneren Stimme richten. Sie werden anfangen, Ihre innere Führung zu hören. Ähnlich wie ein GPS-System, mit dessen Hilfe das Navigationsgerät Ihres Autos Sie auf dem schnellsten Weg von A nach B dirigieren kann, wird Ihr innerer Radar aktiv werden und Sie zu Ihren höchsten Zielen leiten.

Mein Klient Joseph erlebte, wie sich alles fügte, nachdem er sich mit seinem GEIST verbunden hatte. Als einziger Sohn seiner Eltern fühlte sich Joseph verpflichtet, ins Immobiliengeschäft seines Vaters einzusteigen. Über 15 Jahre lang verwaltete er Wohnungen, statt seinem geheimen Traum zu folgen und Koch zu werden. Aus Angst vor finanzieller Unsicherheit und um seinen Vater nicht zu enttäuschen, ließ er seinen GEIST im Stich und verharrte unter der Kontrolle seines Ego.

Eines Tages war er über sein schales Leben so unsäglich frustriert, dass er sich spontan an einer Abendkochschule einschrieb. Seinem GEIST zu folgen lohnte sich sofort für ihn: Schon in der ersten Woche lernte er dort eine wundervolle Frau kennen, die ihn unterstützte, mit ihm lachte, ihn ermutigte und sich in ihn verliebte. Mit ihrer Hilfe fing er an, zu seinem authentischen Selbst zurückzukehren.

In der Kochschule lernte er einen anderen Kollegen kennen, der ebenfalls einen neuen Lebenskurs einschlagen wollte. Am Ende des ersten Jahres hatten die beiden Pläne geschmiedet, gemeinsam ein Restaurant zu eröffnen.

Kaum hatte Joseph diesen Beschluss gefasst, erklärte ihm sein Vater, er wolle sich zur Ruhe setzen, und fragte Joseph, ob er das Geschäft übernehme. Joseph fürchtete, seinen Vater zu enttäuschen, doch noch mehr fürchtete er, sich selbst zu enttäuschen, und so gestand er schließlich, dass er das Geschäft verlassen und ein eigenes Restaurant führen wolle.

Die Reaktion seines Vaters fiel völlig unerwartet aus: Er unterstützte den Sohn nicht nur ideell, er war sogar bereit, in das neue Unternehmen zu investieren und den beiden jüngeren Männern bei der Suche nach einem geeigneten Standort behilflich zu sein. Sobald Joseph sich entschieden hatte, seinen GEIST zu leben, kam sein Vater wie durch Zauberhand mit ins Boot.

So funktioniert das: Sobald Sie sich entscheiden, sich selbst zu lieben und mit Ihrem GEIST in Harmonie zu leben, kommt das Leben mit Ihnen in Einklang. Hindernisse verschwinden, der Weg wird frei, und aus Gegnern werden Unterstützer.

Sie fangen jenes zu erleben an, was ich das »Reiten auf der Welle« nenne. Andere sprechen vom »Flow« oder sehr schön von einem »Zustand der Gnade«. Wie auch immer Sie es nennen, es fühlt sich wundervoll an. Sie brauchen sich nicht länger damit abzuquälen, wie Sie das Leben in den Griff kriegen. Sie sind einfach zur richtigen Zeit am richtigen Ort und das Leben trägt Sie zu immer großartigeren Erfahrungen.

Das klingt unglaublich, oder? Nun, als jemand, der so lebt, kann ich Ihnen nur versichern, dass es so ist. Und ich wiederhole: Es ist nicht schwer. Sie brauchen sich bloß zu entscheiden, als göttliches Wesen zu leben und Ihrem GEIST zu folgen, statt Ihrem Ego und Ihren Ängsten. Nur diese Entscheidung ist schwierig. Sobald sie getroffen ist, wird der Rest immer leichter und leichter.

Die Praxis: Atmen

Atem ist essenziell, um Ihren GEIST zu leben und zu lieben. Genau genommen ist Ihr Atem Ihr GEIST. Die Luft, die Sie einatmen, schenkt Ihnen Leben. Tief zu atmen bedeutet, auf Ihren GEIST Anspruch zu erheben und ihn in jede Zelle Ihres Körpers aufzunehmen.

Wenn Sie sich von Ihrem GEIST trennen und sich in das Drama und die Verwirrung des falschen Ego verwickeln lassen, tritt als eines der ersten Phänomene ein, dass Sie aufhören, tief zu atmen. Sie neigen dann dazu, flach zu atmen und manchmal sogar den Atem ganz anzuhalten. Bei Sauerstoffmangel versinkt Ihr Körper noch tiefer in Angst – es entsteht ein Teufelskreis der selbstbehindernden Negativität. Um Ihren GEIST zu lieben – um Ihren GEIST zu leben –, müssen Sie atmen!

Es gibt verschiedene Wege, durch die Sie unmittelbar mit Ihrem göttlichen GEIST in Einklang kommen und Ihre Schwingung erhöhen:

1. Atmen Sie tief durch die Nase ein und öffnen Sie dann den Mund, entspannen Sie den hinteren Rachen und atmen Sie auf ein »Aah« aus. Üben Sie das jetzt ein paarmal und achten Sie auf die Veränderung Ihrer Schwingung. Legen Sie dabei die Hand auf Ihr Herz und spüren Sie seine Schwingung, während Ihr Atem ausströmt.

Dies ist keine ungewöhnliche Art des Atmens – ab und zu atmen wir alle auf diese Weise von Natur aus. Man nennt es »Seufzen«. Beim Seufzen gehen wir aus dem Kopf und aus unserem falschen Ego-Selbst und verbinden uns mit dem GEIST. Es ist ein natürlicher Reflex, um uns im Einklang mit unserem höheren Selbst zu halten.

Diese Art der Atmung befreit uns sofort aus der Umklammerung unseres furchtsamen negativen Ego und stabilisiert uns in einer höheren, liebevollen, authentischen Schwingung. Es ist eine selbstliebende, selbstbestätigende Technik, und ich rate Ihnen, sie im Lauf des Tages möglichst oft durchzuführen.

Ich nenne diese Atemtechnik manchmal scherzhaft ein »Gefängnisausbruchs-Selbsthilfewerkzeug«, denn sie befreit uns unmittelbar aus dem Gefängnis unserer mentalen Süchte und Leiden. Je tiefer wir atmen, desto ruhiger, klarer und friedvoller werden wir.

Ein Arzt hat mir einmal gesagt dass wir nicht gleichzeitig tief atmen und uns Sorgen machen können – es sei biologisch unmöglich. Ein tiefer Atemzug unterbricht und verscheucht die Sorgen. Ich weiß nicht, ob es allgemein zutrifft, aber für mich hat sich die Aussage bestätigt. Wenn ich durch die Nase ein- und auf »Aah« langsam durch den Mund ausatme, kann ich mich nicht gleichzeitig ängstigen. Ich spüre nur Entspannung und Erleichterung. Wunderbar!

Probieren Sie es aus, ob Sie gleichzeitig tief atmen und sich sorgen können. Natürlich können Sie sich zwischen den Atemzügen Sorgen machen, wenn Sie wollen, aber wenn Sie anhaltend tief atmen, wird selbst das schwieriger.

2. Eine andere Atemtechnik, die den Geist beruhigt und Ihre Schwingung sofort auf die Frequenz des GEISTES hebt, wird »Atem des Feuers« genannt. Diese Übung ist nützlich, wenn Ihr Ego-Verstand sich so »verknotet« hat, dass Sie sich unfähig

fühlen, sich daraus zu befreien und wieder mit Ihrem GEIST zu verbinden.

Stellen Sie sich ein wenig breitbeinig hin und beugen Sie leicht die Knie. Atmen Sie nun möglichst tief ein. Klopfen Sie jetzt schnell mit der Faust im Bereich des Herzens auf die Brust und atmen Sie auf ein lautes, volltönendes »Ha!« aus. Am besten ist es, wenn Sie sich frei fühlen, dies so laut zu tun, wie Sie wollen. Dieses »Ha!« wirkt ähnlich wie die Trillerpfeife des Bademeisters, der allen befiehlt, sofort den Pool zu verlassen. Es bricht energetisch alle negativen Frequenzen auf, in denen Sie gefangen sind, und stellt wieder Ihre authentische göttliche Frequenz her.

Diese Atemtechnik wirkt eventuell auf Sie selbst und die Menschen in Ihrer Umgebung ein wenig überraschend. Aber genau darum geht es. Sie erschreckt Ihren Ego-Verstand, sodass er loslässt, und ruft den GEIST in Ihren Körper. Sie wirkt auf Ihre Energiemuster wie ein Reset-Schalter.

Nachdem Sie tief eingeatmet, sich auf die Brust geklopft und auf ein kräftiges »Ha!« ausgeatmet haben, holen Sie langsam und tief Luft und lauschen nach innen. In Ihrem Kopf wird eine wundervolle Stille herrschen – der Frieden und die Ruhe des göttlichen GEISTES. Wenn Sie diese Übung zwei- bis dreimal täglich durchführen, klärt sie Ihre Energie von aller Negativität und beruhigt das Gehirn. Sie verdrängt das Ego vom Fahrersitz und lässt Ihren GEIST wieder ans Steuer.

3. Lassen Sie im Lauf des Tages – vor allem an stressreichen Tagen – Ihre momentane Tätigkeit einen Augenblick lang ruhen und atmen Sie durch: Nehmen Sie sich fünf Minuten Zeit, um tief zu atmen und Ihr Bewusstsein wieder mit Ihrem GEIST in Einklang zu bringen.

Solche Atempausen sind kein unnötiger Luxus, sondern ein

wichtiger Ausdruck der Selbstliebe, wie wir ihn alle immer wieder brauchen. Die ganze Welt wäre erheblich besser dran, wenn jeder öfter eine Atempause einlegen würde. Unser Atem verbindet uns mit allem, was lebt. Wir alle teilen dieselbe Atemluft, daher sind wir alle miteinander verbunden.

Sich eine Atempause zu gönnen, ist nicht nur ein Akt der Selbstliebe, sondern ein Akt der Liebe zur gesamten Menschheit. Jeder von uns, der sich mit der Schwingung des GEISTES in Einklang bringt, hat Einfluss auf die Menschen seiner Umgebung. Es ist ansteckend – auf eine gute Weise.

4. Sie können auch probieren, den Atem mit jemandem »zu teilen«, das soll heißen, ein paar Minuten lang im Einklang beziehungsweise im selben Rhythmus mit einem anderen Menschen zu atmen. Der Atem ist der großartige göttliche »Gleichmacher«. Beim gemeinsamen Atmen entfernen Sie automatisch alle Hindernisse, Ängste und Urteile, die zwischen Ihnen stehen. Es ist unmöglich, sich von jemandem bedroht oder getrennt zu fühlen, mit dem man gemeinsam atmet.

Diese Übung wird nicht unbedingt verändern, was Sie auf der mentalen Ebene von der anderen Person halten; Ihr Ego-Verstand will trotzdem gern an seinen Vorbehalten und negativen Gefühlen festhalten. Doch wenn Sie mit jemandem zusammen atmen, beginnt sich die Schwingung zwischen Ihnen automatisch zu harmonisieren und auf eine höhere Frequenz zu heben. Das besänftigt Ihr Herz und öffnet Sie für den göttlichen GEIST, wo es keinen Raum für Konflikte gibt.

Kürzlich habe ich selbst eine Situation erlebt, wo ich mit jemandem zusammen atmen musste, um Frieden zu finden. Ich bin froh, bestätigen zu können, dass es funktioniert:

Im Sommer machte unsere Familie Urlaub in Paris. Ich hatte dort für eine Woche eine Wohnung gemietet. Seit über einem Jahr hatte ich von der Reise geträumt, mich darauf gefreut und sie lang vorbereitet. Kurz vor unserer Abreise fragte meine jüngste Tochter Sabrina, ob zwei ihrer neuen Freunde, die mit dem Rucksack durch Europa tourten, uns zwei Tage lang in Paris besuchen könnten.

Ich erinnerte mich an meine eigenen Rucksackreisen und wie dankbar ich damals für jede Unterstützung gewesen war; also willigte ich ein, dass sie auf den Sofas schlafen könnten. Ich dachte, ihre Gesellschaft könnte unseren Aufenthalt dort vielleicht sogar bereichern. Der Besuch steckte jedoch voller Überraschungen …

Es fing damit an, dass die beiden früher als geplant auftauchten, nämlich mitten in unserer ersten Nacht am neuen Ort. Die nächste Überraschung war noch größer: Sie wollten sechs Nächte bleiben statt der verabredeten zwei – mit anderen Worten: während unserer gesamten Ferien. Dies erforderte eine weitere innere Umstellung, aber ich wollte keine Spielverderberin sein. Meine Töchter genossen die Gesellschaft und hatten Spaß, und das war meine Absicht für diesen Urlaub gewesen.

Dann begannen die echten Herausforderungen: Die Gäste hatten kein Geld, aßen also jeden Tag mit uns: Frühstück, Mittag- und Abendessen. Gut, auch das war kein echtes Problem, schließlich hatten wir genug. Aber was mich wirklich störte, waren die Manieren des einen Gastes.

Während der junge Mann freundlich, angenehm, hilfsbereit und insgesamt eine Freude war, gebärdete sich seine Freundin als das genaue Gegenteil: Sie griff nicht mit zu, ließ ihre Sachen herumliegen, half nie bei der Vorbereitung der Mahlzeiten oder beim Aufräumen der Küche mit, obwohl alles ganz klar eine Gemeinschaftsaufgabe war. Sie aß unser Essen, trank unseren Wein, belegte ständig den einzigen Computer im Haus; Ihr ganzer Kram lag verstreut im Wohnzimmer herum und sie rauchte Kette auf dem Balkon, wo sich die Aschenbecher füllten, die andere ausleeren mussten. Und all das trotz meiner zunächst freundlichen, doch dann immer nachdrücklicheren Bitten, sie möge helfen, sauber machen und aufräumen.

Nach drei Tagen war mein Ego-Verstand voll am Rotieren. Wie konnte sie es wagen, sich in meine Ferien zu mischen, sich mit meinen Sachen den Bauch vollzuschlagen, andere hinter ihr herräumen zu lassen und dabei nicht die geringste Wertschätzung zu zeigen? Mein Groll ballte sich zu einer dunkelgrauen Wolke zusammen und verdarb mir den ganzen Spaß an diesem Urlaub. Ich war so mit meiner selbstgerechten Opferrolle beschäftigt, dass ich mich immer elender fühlte. Ich war mir sicher, dass sie alles mit Absicht machte. Ich hätte sie hinausgeworfen, aber meine Töchter protestierten, weil sie die Gesellschaft des jungen Mannes sehr genossen.

Mein einziger Ausweg lag darin, aus meinem Ego-Verstand herauszukommen und zum göttlichen GEIST zurückzufinden. Aber wie? Mein Ego konnte inzwischen kaum noch ihre Anwesenheit ertragen.

Eines Abends ergab sich eine Gelegenheit. Im Fernsehen kam eine lustige englische Show, die uns alle zum Lachen brachte. Wir saßen gemeinsam im selben Raum, als ich plötzlich auf die Idee kam, eine Weile mit ihr zu atmen.

Als Erstes bemerkte ich, dass sie nicht sehr tief atmete. Dadurch wurde mir bewusst, wie ängstlich sie war, nicht nur im Hinblick auf uns, sondern auf das Leben allgemein. Während ich weiter mit ihr atmete, fiel mir auf, wie unaufmerksam man wird, wenn man nur so flach atmet. Infolge dieses flachen Atems und ihres Zigarettenkonsums war sie sich ihrer Umgebung wahrscheinlich kaum bewusst. Kein Wunder, dass sie so wenig beitrug – sie sah ja kaum, was vor sich ging. Ich erkannte auch, in welchem Chaos sich ihr Ego-Gehirn befand. Flaches, schnelles Atmen erzeugt Unordnung im Körper. Dieses innere Chaos spiegelt sich dann im Außen wider. Deswegen verbreitete sie so einen Saustall um sich.

Nach der Sendung hatte mich das gemeinsame Atmen mit ihr wieder mit meinem göttlichen GEIST verbunden. Mein Herz öffnete sich für sie und ich erkannte, es kostete sie eine Menge Mut, sich auf dieses Abenteuer einzulassen, und sie war nur deshalb ein schrecklicher Gast, weil sie so mit ihren eigenen Ängsten beschäftigt war.

Ich schaute sie an und seufzte leicht: »Aah!« Dann überraschte ich alle, indem ich mit einem lauten »Ha!« auf meine Brust schlug. Das brach den negativen Bann, unter dem ich gestanden hatte, und erhob mein Gemüt. Ich umarmte sie spontan, was ihr rätselhaft war.

Das Paar reiste am nächsten Tag ab, zwei Tage früher als geplant.

Den GEIST willkommen heißen

Worum es geht: Den GEIST willkommen heißen

Bei diesem Schritt möchte ich Sie einladen, Ihren GEIST willkommen zu heißen und ganz in Ihr Leben einzuladen. Die praktische Übung »Den Körper lieben« unterstützt Sie, in Ihrem Körper ein liebevolles und empfängliches Zuhause für Ihren GEIST zu schaffen. Mit diesem neuen Bewusstsein werden Sie Ihr körperliches Selbst als einen treuen Freund und Verbündeten schätzen lernen und sich in Ihrer eigenen Haut glücklich fühlen.

Ihr falsches Ego-Selbst zu überwinden ist der erste Schritt zu einem gesegneten, bezaubernden, friedvollen Leben. Aber das reicht nicht. Sobald Sie sich von Ihrem falschen Selbst, Ihrem Ego, gelöst haben, ist es wichtig, sich aktiv mit Ihrem authentischen göttlichen Selbst – Ihrem GEIST – zu verbinden.

Beginnen Sie damit, indem Sie akzeptieren, dass Sie eine wundervolle, gesegnete, heilige Kraft in sich haben, die mitten in Ihrem Herzen lebt und Ihnen Leben verleiht: eine helle Flamme göttlicher Liebe. Es ist eine Kraft, die wir alle haben und von der unsere Existenz abhängt. Mit anderen Worten: Dieser heilige Lebensfunke ist die Essenz Ihres authentischen Selbst als göttliches Wesen. Während das Ego endlich ist und mit dem Körper stirbt, ist Ihr GEIST ewig und lebt ohne physische Begrenzungen. Nach dem Tod kehrt Ihr GEIST einfach zum großen Schöpfer zurück, zum heiligen Vater/Mutter-Gott, und wird wieder zu dem Licht, aus dem er erschaffen wurde.

Wenn Sie aufhören, zu glauben, dass Sie Ihr Ego-Selbst sind, und anfangen, sich mit Ihrem GEIST zu verbinden; wenn Sie aufhören, das Leben zu kontrollieren und zu fürchten und es stattdessen zu genießen, dann geschieht ein Wunder. Denn wenn Sie im GEIST sind, sind Sie im Einklang mit dem göttlichen GEIST. Sie werden eins mit Gott. Wie meine Mutter immer sagte: »Wenn Gott mit dir ist, ist niemand gegen dich, denn nichts ist größer als Gott.«

Ein weiterer Grund, weshalb das Leben sofort besser wird, wenn Sie sich mit Ihrem authentischen Selbst, dem göttlichen GEIST in Ihnen, verbinden: Damit verbinden Sie sich auch mit allem anderen, was göttlich ist, zum Beispiel mit Schönheit, Harmonie und dem, wonach wir uns am meisten sehnen: Frieden. Im göttlichen GEIST gibt es weder Krieg noch Krankheit, weder Armut, Kampf, Unsicherheit noch Angst, Wut oder andere Dinge, von denen der Ego-Geist so abhängig ist und womit er sich so verletzt. Stattdessen ist alles immer friedvoll.

Um mit dem göttlichen GEIST zu verschmelzen, identifizieren Sie sich mit dem heiligen GEIST, der Sie sind. Natürlich wird Ihr Ego-Geist darüber die Nase rümpfen, was Sie sich da wohl einbilden; er will Ihr Wissen, dass Sie GEIST sind, verhindern – jedenfalls will er es nicht kampflos zulassen, denn sobald Ihnen das bewusst ist, verliert er an Macht. Wenn Sie sich mit Ihrem GEIST identifizieren, wird Ihr Ego automatisch vom Steuer Ihres Lebens verdrängt. Das will es natürlich nicht dulden.

Das Paradox ist jedoch: Wenn der Ego-Geist von Ihrem GEIST abgelöst wird, entspannt er sich und beginnt, das Leben zu genießen, weil er an seinen natürlichen Platz zurückgekehrt ist, wo er dem GEIST folgen und ihn unterstützen kann und nicht gegen ihn kämpfen muss.

Als ich etwa zehn Jahre alt war, kam ein Herr in unser Haus, um mit meiner Mutter zu sprechen, einer angesehenen Porträtmalerin. Er fragte sie, ob sie bereit wäre, die Familie eines bekannten indischen Gurus zu porträtieren, die gerade hier zu Besuch weile. Sie müsse sich jedoch auf bestimmte Weise vorbereiten, weil die Gegenwart des Gurus sehr heilig sei. Wenn er zu uns käme, müsse sie – und wir alle – in der richtigen, hohen Schwingung sein. Er überprüfte die Schwingung unseres Haushalts und gab sein grundsätzliches Einverständnis, aber wir müssten uns nichtsdestotrotz entsprechend auf den Besuch einstellen.

Uns wurde aufgetragen, das Haus zu reinigen, bestimmtes Räucherwerk zu verwenden, zu beten, uns zu waschen und beste Kleidung anzuziehen und spezielle Tees und Früchte zu reichen. Während der Vorbereitungen fragte ich meine Mutter mürrisch, ob all dieser Aufwand wirklich nötig sei. Warum sei der Guru so bedeutend? Ja, es sei nötig, antwortete sie, aber nicht aus den Gründen, die ich vermutete. Es gehe nicht so sehr darum, dass er etwas Besonderes oder heilig oder bedeutender sei als wir – vielmehr darum, dass er sich daran erinnerte, wie heilig er ist. Er erinnerte sich daran, ein Kind Gottes zu sein, und ließ sich die Liebe und die Achtung zukommen, die uns allen gebührt. Er diente als Rollenmodell, um uns an unsere Heiligkeit zu erinnern und an die Tatsache, dass wir der höchsten Ehrung würdig sind. Meine Mutter betonte, wie wichtig es ist, uns unseres GEISTES und seiner Heiligkeit bewusst zu sein, aber nicht GEIST und Ego zu verwechseln.

»Wie erkennt man den Unterschied?«, fragte ich. »Woher weiß man das? Mir scheint, man kann das leicht verwechseln.«

»Es ist nicht schwer, das Ego vom GEIST zu unterscheiden«, antwortete sie. »Wenn du mit dem GEIST verbunden bist, fühlst du dich als Teil des Lebens, und dein Herz öffnet sich für alle. Hängst du dagegen an deinem Ego fest, dann willst du weg. Du trennst dich von anderen. Du nimmst eine Ich-gegen-alle-Haltung ein und verschließt dein Herz. Du kannst das Ego leicht vom GEIST unterscheiden, indem du auf deine Schwingung achtest. In der Verbindung mit deinem GEIST fühlst du eine gute, positive, selbstliebende Schwingung. Wenn du dich mit deinem Ego verbindest, fühlst du dich reizbar, kritisch, deprimiert und müde. So einfach ist das.«

Unsere Unterhaltung hinterließ bei mir einen tiefen Eindruck.

Wir alle sollten unseren GEIST als heiligen Gast betrachten und ihn mit derselben Aufmerksamkeit und Sorgfalt behandeln wie einen besonderen Besucher.

Stellen Sie sich Ihren GEIST als einen heiligen Gast vor, der in Ihr Leben einzieht. Wie würden Sie sich vorbereiten, um ihn zu empfangen?

Stellen Sie sich vor, Sie würden für Ihren GEIST dasselbe tun wie für jemanden, den Sie lieben, sogar verehren: Laden Sie ihn an einen ruhigen Ort in Ihrem Körper ein. Entspannen Sie sich und begrüßen Sie ihn mit Ihrem anmutigsten Lächeln und herzlichsten Willkommensgruß. Machen Sie es ihm gemütlich. Stellen Sie sich vor, Sie sprechen mit Ihrem GEIST freundlich und voller Zuneigung, ja mit Ehrerbietung, schließlich ist er eine heilige Essenz.

Ihr GEIST ist ein heiliger Teil Ihres Lebens. Es ist nur angemessen, dass Sie sich auf ihn vorbereiten und nach bestem Vermögen beherbergen. Das bedeutet, ihm ein liebevolles, wohlgeerdetes Zuhause zu bereiten, indem Sie sich gut um Ihren Körper kümmern. So wie Sie wahrscheinlich keinen wichtigen Besuch bei sich empfangen wollten, wenn Ihr Haus unordentlich oder schmutzig ist, sollten Sie eine derartige Respektlosigkeit auch nicht Ihrem GEIST zukommen lassen.

Bereiten Sie Ihrem GEIST ein gesundes, glückliches Zuhause. Das bedeutet unter anderem, ihm einen Körper zu bieten, der ordentlich genährt ist, gut ausgeruht, angemessen bewegt, sauber und hoch geschätzt. Das ist für ihn sehr viel einladender als ein Körper, der mit schlechtem Essen vollgestopft oder ausgehungert, erschöpft, voll von toxischen Substanzen, lethargisch oder missachtet ist. Tatsächlich verlässt der GEIST den Körper, wenn der Mensch zu ungesund lebt, weil die Schwingung dann zu niedrig wird. Er tritt buchstäblich aus dem körperlichen Selbst heraus, will weg von dem Unheil und der Disharmonie im Inneren.

Hat der GEIST eines Menschen dessen Körper verlassen, bleibt ein angsterfülltes Ego zurück, das an seiner Stelle die Kontrolle übernimmt. Wenn der GEIST abwesend ist, fehlt der Person das Licht in den Augen – das Funkeln, das Strahlen. Beim Blick in solche Augen sehen Sie nur dumpfe Leere, als wäre niemand da.

Leider ist Vernachlässigung nicht der einzige Grund, weshalb der GEIST aus dem Körper weicht. Trauma, Missbrauch, Verletzungen, Selbstanklage, extreme Wut und Angst können ihn ebenfalls vertreiben. Doch zum Glück entfernt sich der GEIST nicht weit, wenn er den Körper verlässt; zwar bewegt er sich aus dem Körper heraus, doch er bleibt ihm verbunden durch das, was Metaphysiker »das silberne Band« nennen. Der GEIST bleibt energetisch mit Ihnen verbunden, nur ist er nicht verkörpert. Das bewirkt, dass Sie sich schwach fühlen und leicht durch niedere Schwingungen beeinflusst werden.

Sorgen Sie sich nicht, wenn Sie meinen, Ihr GEIST habe Ihren Körper verlassen. Das kann jedem von uns von Zeit zu Zeit passieren, wenn wir uns des GEISTES nicht bewusst sind und ihn nicht liebevoll behandeln. Er verlässt uns, wenn wir über längere Zeit intensiven negativen Schwingungen ausgesetzt sind, zum Beispiel bei der Verwicklung in einen heftigen Streit, bei Drogen- oder Alkoholmissbrauch oder in Situationen von starker Gewalt – sei es, dass wir sie selbst ausüben oder unter ihr leiden. Ihr GEIST verlässt Sie auch, wenn Sie einem Weg folgen, der Ihnen nicht dient – was einer meiner Klientinnen widerfahren ist:

Vor nicht allzu langer Zeit kam eine junge Frau zu mir zur Beratung. Schon ihre Augen signalisierten mir, dass ihr GEIST nicht in ihr zu Hause war: Ihr Blick war leer, ihre Energie niedrig, und sie schien keinen Funken von Freude oder Begeisterung in sich zu tragen. Sie schimpfte auf ihre Arbeit als Mittelstufen-Beraterin für verhaltensauffällige Jugendliche und wollte ihn schon seit zwei Jahren kündigen, aber die Angst, ohne Einkommen dazustehen, ließ sie weiter zur Arbeit gehen – zumindest ihren Körper, denn ihr GEIST hatte sich zurückgezogen und war nicht mehr beteiligt.

Als ich ihr vorschlug, zu kündigen und ihrem GEIST dorthin zu folgen, wo er hinwollte, nämlich zu einer Tätigkeit als intuitive Beraterin, lehnte ihr Ego die Idee sofort ab, weil sie das bestimmt nicht schaffen würde. Ihr war nicht klar, dass es ihr schon jetzt ohne ihren GEIST ohnehin nicht besonders gut ging und dass sie den Kindern, die sie beriet, auf diese Weise keine große Hilfe war. Die ganze Schwingung der Situation war schlecht für sie, wie ich ihr erklärte, und sie litt, weil sie ständig gegen das Verlangen ihres GEISTES lebte.

Während sie mir zuhörte, musste meine Klientin zugeben, dass ihr die Schwingung ihrer Arbeit schadete. Der Job war nie richtig passend gewesen; sie war nie gerne dorthin gegangen. Sie gestand sogar, sie hasse diese Arbeit – was ein klares Zeichen für die Abwe-

33

senheit ihres GEISTES war. Der GEIST hasst nie etwas – im Gegensatz zum kontrollierenden Ego.

Während unseres Gesprächs freundete sie sich langsam mit der Idee an, ihren Job zu kündigen und im örtlichen esoterischen Buchladen zu arbeiten, sowohl im Verkauf als auch als Beraterin. Allein der Gedanke an diese Möglichkeit lockte ihren GEIST wieder in sie hinein. Ihre Augen fingen zu leuchten an, ihr Lächeln kehrte zurück und sie seufzte vor Erleichterung.

Und nicht nur mir fiel es auf – sie bemerkte es selbst: »Oh, mein Gott«, sagte sie, »das wäre so wunderbar ... Ich fühle mich schon besser, wenn ich nur darüber nachdenke.«

Offenbar nahm sie das Bedürfnis ihres GEISTES nach einer besseren Schwingung bei der Arbeit ernst, denn wie ich später hörte, hat sie tatsächlich ihren Job gekündigt und in dem Buchladen angefangen, wie wir es besprochen hatten.

In dem Augenblick, da Sie sich entscheiden, Ihren GEIST willkommen zu heißen – ihm liebevolle Aufmerksamkeit zu widmen, ihn in Ihrem Herzen als heiligen Gast zu betrachten und ihm eine angenehme Umgebung zu bereiten –, erhöhen Sie die Schwingung Ihres Körpers und Ihr GEIST kehrt in Sie zurück. Kein Problem.

Bedenken Sie, alles in diesem Universum ist letztlich Schwingung, die entweder positiv, freundlich, liebevoll, wertschätzend, respektvoll, harmonisch und lebensbejahend sein kann (die Frequenz des göttlichen GEISTES) oder dissonant, negativ, demoralisierend, schuldzuweisend, urteilend, kritisch, feindselig und lebensverneinend (die Frequenz des Ego-Geistes).

Ihrem authentischen Selbst kritisch, feindselig und anklagend zu begegnen, ist dasselbe, als würden Sie Ihren heiligen Gast beleidigen und mit Müll bewerfen. Keinen menschlichen Gast würden Sie so behandeln. Wie könnte es da in Ordnung sein, mit Ihrem göttlichen GEIST so schlecht umzugehen?

Ich glaube, Sie verstehen, was ich meine. Hören Sie auf, sich selbst anzugreifen, denn es verletzt Ihren GEIST. Heißen Sie ihn lieber willkommen und würdigen Sie ihn. Er ist ein heiliger Gast in Ihrem Herzen. Je mehr Sie ihn dementsprechend behandeln, desto schöner wird Ihr Leben.

Die Praxis: Den Körper lieben

Bei den meisten von uns zählt der physische Körper zu den Dingen, die wir am wenigsten an uns mögen. Jeder – wirklich jeder – ist mit verrückten Vorstellungen bombardiert worden, was zu einem liebenswerten physischen Körper gehöre; und niemand – wirklich niemand – hat diesen Körper. Dieser äußerlich perfekte, herrliche, schlanke, kräftige, sexy, makellose Körper ist schlichtweg nicht menschlich. Er ist eine Erfindung der Medien; kein menschliches Wesen hat ihn. Selbst dort, wo es ihn zu geben scheint, zum Beispiel bei einigen Hollywoodstars, ist es entweder ein flüchtiges Phänomen (Körper verändern sich und altern) oder kostet einen so hohen Preis der Angst, Kontrolle, Besessenheit und Sucht, dass das Innere dieses tollen Körpers in einem katastrophalen Zustand ist.

Wir sind von unserem Aussehen so besessen, weil wir meinen, ein gutes Aussehen (was immer das bedeutet) erhöhe unsere Chancen, geliebt zu werden und uns sicher zu fühlen. Das Problem an dieser Haltung: Erstens ist diese Art des Sich-geliebt-Fühlens abhängig von der Bestätigung durch andere, und wir wissen, das

Ego kann davon nie genug bekommen. Und zweitens unterliegt die Vorstellung davon, was schön ist, ständigen Veränderungen, sodass wir kaum eine Chance haben, es genau zu treffen, selbst wenn wir uns noch so sehr bemühen.

In einem Jahr ist es vielleicht modern, lange glatte Haare zu haben, im nächsten sind kurze Locken »in«. In einem Jahr gilt es als chic, dünn wie eine Magersüchtige zu sein, und im nächsten Jahr soll man sportlich und kraftvoll aussehen. In dieser Saison gelten Männer mit Bart als »cool« und in der nächsten werden glatt rasierte Boys mit schulterlangen Locken favorisiert.

Und das sind nur die Ideen der westlichen Welt. Gerade habe ich in einem Artikel gelesen, Fettleibigkeit bei Frauen galt in Mauretanien als hohes Schönheitsideal, was dazu führte, dass schon kleine Mädchen wie Gänse gemästet wurden, um eine gute Partie zu machen. Manche Frauen waren so übergewichtig, dass sie nicht mehr gehen konnten, und galten doch als kostbare Schönheiten.

Solche Schönheitsideale sind absurd – sie stellen sogar eine Form von Gewalt gegen Frauen dar. Sich solchen Ideen zu verschreiben ist schwachsinnig – allerdings nicht viel törichter, als auf leeren Magen in einem 40 Grad heißen Raum Yoga zu machen. Meinen Sie nicht auch, es ist Zeit, im Namen der Selbstliebe innezuhalten und uns zu fragen, was zum Kuckuck wir da mit unserem Körper treiben und warum?

Wenn wir wirklich glauben, ein bestimmtes körperliches Aussehen sei der Schlüssel zur Selbstliebe, haben wir uns völlig von unserem GEIST entfernt. Im Lauf der Jahre habe ich einige Schauspielerinnen und Models beraten, die äußerlich als herausragend schön galten. Trotz ihrer perfekt frisierten, manikürten, cellulitisfreien, durchtrainierten Körper gehörten einige jedoch zu den unglücklichsten, selbstzentriertesten Menschen, die mir je begegnet sind. Sie hassten sich selbst. Ihr Leben bestand nur noch aus Fitnessstudio, Schönheitssalon und Spiegeln – ein trauriges, langweiliges und freudloses Dasein! Und es hat nichts mit Selbstliebe zu tun. Es ist Ego-Kontrolle, die sich völlig der öffentlichen Meinung untergeordnet hat und in Angst, Furcht vor Ablehnung und Elend wurzelt. Ist es das wert?

Worauf kommt es wirklich an? Nicht wie wir aussehen, sondern wie wir uns in unserer Haut fühlen. Erst wenn wir unseren Körper als Freund betrachten, als treuen, hingebungsvollen Diener, der eine heilige Schöpfung ist wie unser GEIST – erst dann können wir uns gut fühlen und Frieden finden.

Behandeln Sie Ihren Körper wie einen Freund, denn das ist er: Er dient Ihnen unermüdlich – egal welche Haltung Sie ihm gegenüber einnehmen – und ermöglicht es Ihnen, Ihrem GEIST zu dienen und Ihr Leben zu lieben. Er ist ein wundervolles Gefäß, der einiges an Misshandlungen hinnimmt und Ihnen trotzdem jeden Tag zur Verfügung steht.

Um sich selbst zu lieben, müssen Sie auch Ihren Körper lieben – das eine geht nicht ohne das andere. Egal welcher Körper Ihnen zuteil wurde – es ist Ihr einziger, also müssen Sie mit ihm zurechtkommen, ob es Ihnen passt oder nicht. Erkennen Sie, wie wichtig Ihr körperliches Selbst für Ihre Lebensreise ist – nicht um der Anerkennung willen, die es von anderen erheischen kann, sondern um des Dienstes willen, die es Ihrem GEIST erweist. Es ist Ihr Gefäß, Ihr Gefährt, Ihre Möglichkeit, das Leben zu erfahren. Es ist Ihr Transportmittel auf dieser Erde und wird Ihnen sehr viel mehr Freude bereiten, wenn Sie es mit genügend Respekt und Sorgfalt behandeln.

Es gibt eine Menge vernünftiger Gründe, Ihren Körper zu lieben – bis hin zu der Tatsache, dass Sie andernfalls früher oder später mit den Folgen der Vernachlässigung in Form von Krankheit, Erschöpfung, Depression oder anderem Leiden konfrontiert werden. Also ist es vor allem eine vernünftige Entscheidung, sich mit Ihrem Körper anzufreunden. Der einfachste Weg, ihn mehr wertzuschätzen, geht von innen nach außen. Hören Sie auf, über sein Aussehen bekümmert zu sein (solange Sie nicht vor einem Spiegel stehen, bemerken Sie es ohnehin kaum), und achten Sie mehr darauf, wie er sich fühlt. Achten Sie vor allem darauf, wodurch er sich besser fühlt.

Freundliche Worte vermitteln ihm jedenfalls ein Wohlgefühl. Der Körper ist ein empfindsames Ding, das stark auf Schwingungen reagiert. Freundliche Worte haben eine höchst positive Wirkung auf ihn, während harte Kritik, egal ob ausgesprochen oder nicht, ihn belastet. Reden Sie also freundlich mit sich selbst.

Eines Tages, als meine Tochter Sabrina vier Jahre alt war und sich unwillig zeigte, verlor mein Mann Patrick die Geduld, sodass er sie beschimpfte. Erschrocken hielt sie inne, dachte kurz nach und antwortete: »Papa, so kannst du nicht mit meinem GEIST reden. Und mein Bauch fühlt sich schlecht, wenn du das sagst. Entschuldige dich, damit sich mein Bauch besser fühlt!«

Patrick merkte sofort, dass Sabrina nur ehrlich sagte, welche Wirkung seine Worte auf ihren Bauch gehabt hatten, und entschuldigte sich. Erneut schwieg sie einen Augenblick lang, spürte seinen Worten nach und meinte dann: »Gut, jetzt fühlt sich mein Bauch wieder besser.«

Das erinnerte uns alle daran, dass der menschliche Körper empfindsam ist und Äußerungen aufnimmt.

Wenn Sie hart mit Ihrem Körper umgehen, fühlt er sich schlecht. Reden Sie liebevoll mit ihm – Sie ahnen es schon –, dann geht es ihm besser.

Wir sind es so gewohnt, negativ mit uns selbst zu reden, dass wir es kaum noch bemerken. Wenn ich zuhöre, wie die Leute über ihren Körper sprechen, vernehme ich fast nur Negatives. »Ich hasse meine Haare, meine Oberschenkel, meine Glatze, meinen Hüftspeck, meine Füße, meine krummen Zähne, meine Sommersprossen, meine Falten…« und so weiter. So würden Sie wahrscheinlich kaum mit Ihrem schlimmsten Feind reden. Warum tun Sie es also mit einem Freund, der Sie unermüdlich durch die Gegend transportiert?

Um mit diesem Muster und dieser Gewohnheit zu brechen, brauchen wir meiner Ansicht nach eine Unterweisung oder zumindest eine Erinnerung daran, wie wir gut mit uns selbst reden können. Stellen Sie sich eine Liste auf, über der steht: »Wenn ich mit mir rede, möchte ich Folgendes sagen: …«, und schreiben Sie darunter sämtliche liebevollen Aussagen, die Ihnen einfallen und die Sie Ihrem besten Freund gerne sagen würden. Beginnen Sie im Inneren und konzentrieren Sie sich mehr auf das Innere als auf das Äußere. Zum Beispiel:

- Du bist so treu, lieber Körper. Danke, dass du jeden Morgen aufstehst und weitermachst.
- Du bist so ein guter Freund. Danke, dass ich mich auf dich verlassen kann.
- Du bist intelligent, kreativ und lustig. Ich weiß, ich kann auf dich zählen.
- Du bist tüchtig, belastbar und kraftvoll. Ich weiß zu schätzen, was du alles für mich tust.
- Du bist hübsch. Du siehst gut aus.
- Du bist großartig.
- ....
- ....

Stellen Sie auch eine Liste dessen auf, was Sie zu Ihrem GEIST sagen können, zum Beispiel:

- Ich bin froh, dass du da bist.
- Ich hoffe, du fühlst dich wohl.
- Danke für deine Güte.
- Es ist wundervoll, deine Güte zu spüren.
- Ich liebe dich.
- ....
- ....

Hängen Sie diese Liste an einer Stelle auf, die Ihr Blick oft streift. Sie können die Worte als Laufzeile Ihres Computer-Bildschirmschoners eingeben, eine kürzere Version ans Armaturenbrett Ihres Autos kleben oder die Notiz ins Portemonnaie legen. Stecken Sie sie an jeden Spiegel in Ihrer Wohnung, damit Sie freundliche Worte für sich finden, sooft Sie sich im Spiegel betrachten. Sie können sich selbst sogar auf dem Handy eine entsprechende Nachricht hinterlassen.

Sie können schweren körperlichen Schaden anrichten, wenn Sie sich selbst und insbesondere Ihren Körper zu kritisch betrachten. Manche alte Kulturen und östliche Traditionen wussten darum und haben sogar Amulette entwickelt, um den »bösen Blick« abzuwehren.

Im Namen der Selbstliebe und der Liebe zu Ihrem Körper bitte ich Sie also, niemals den bösen Blick auf Ihren Körper zu richten – niemals! Überströmen Sie ihn lieber mit Licht, Liebe und Zuwendung. Sprechen Sie freundlich mit Ihrem Körper, und sei es nur, weil es sich gehört, einen Freund respektvoll zu behandeln.

Eine andere Möglichkeit, Ihr körperliches Selbst zu würdigen, besteht darin, sich darum zu kümmern. Vor 25 Jahren beschenkte meine Mutter meinen Vater zur Silberhochzeit mit einem Cadillac Seville. Sie wusste, er wünschte sich dieses Auto sehr und sparte seit Jahren darauf. Es war das großartigste Auto, das mein Vater je besessen hatte, und er kümmerte sich sorgfältig darum: Er wusch und polierte es jede Woche, wechselte das Öl punktgenau, reinigte den Innenraum, zog Schonbezüge über die Sitze und sprach vor allem immer voller Hochachtung davon. Er wusste dieses Geschenk wirklich zu schätzen. Und der Wagen fuhr und fuhr und fuhr. Abgesehen von den üblichen Wartungen brauchte dieses Auto nie die kleinste Reparatur – es lief wie von selbst.

Ich will jetzt nicht sagen, unsere menschlichen Körper seien wie Autos, aber ich weiß, wenn wir ihnen nur halb so viel Aufmerksamkeit zukommen ließen wie anderen Dingen, zum Beispiel unseren Autos, würden wir uns in unserer Haut wahrscheinlich ziemlich wohl fühlen.

Beginnen Sie mit den Grundlagen. Jeder Körper braucht viel Wasser, Getreide, Grünzeug und Proteine. Bekanntlich bleibt der Körper auch gesünder mit einer basischen Kost, also mit Getreide, Gemüse und pflanzlichen Proteinen. Um Ihren Körper gut am Laufen zu halten, sollten Sie also hauptsächlich basische Nahrungsmittel zu sich nehmen. Sie können im Internet leicht herausfinden, welche das sind.

Der nächste Punkt ist die Bewegung. Bewegung macht den Körper glücklich, und ein glücklicher Körper nährt einen glücklichen GEIST. Stehen Sie öfter mal auf, strecken und beugen Sie sich, gehen Sie umher und schütteln Sie sich ein wenig. Tun Sie das alle ein bis zwei Stunden, und sei es nur für ein paar Minuten. Das hält Herz, Lungen und Verdauung in Form.

Die Leute fragen mich immer wieder, wie sie ihr Gewicht oder ihre Gesundheit in den Griff bekommen können. Die Antwort ist einfach: Hören Sie auf Ihren Körper (was sehr viel einfacher geht, wenn Sie freundlich mit ihm reden). Achten Sie darauf, wie Sie sich fühlen, welche Wirkung Ihre Entscheidungen auf Ihren Körper haben, und zwar nicht nur im jeweiligen Augenblick, sondern auch in den kommenden Stunden oder am nächsten Tag. Treffen Sie Entscheidungen, durch die sich Ihr Körper gut fühlt.

Ich esse zum Beispiel sehr gerne Baguette und französischen Käse, aber wenn ich mehr als ein bisschen davon zu mir nehme, bekomme ich Verstopfung und kann schlechter atmen. Das führt dazu, dass ich schlechter schlafe und mich am Tag darauf nicht so wohl fühle. Also höre ich auf meinen Körper und esse nur ganz wenig Baguette und Käse.

Mein Mann liebt es, ein Glas Wein oder ein kühles Bier zu trinken, aber sein Körper mag es nicht. Er fühlt sich danach reizbar, lustlos und müde. Er hat den Zusammenhang erkannt und trinkt keinen Alkohol mehr, weil es ihm danach nicht gut geht.

Auf Ihren Körper zu hören und seine Empfindungen zu respektieren ist ein kraftvoller Akt der Selbstliebe. Aber bitte projizieren Sie Ihre Regeln nicht auf andere. Was für Ihren Körper Selbstliebe bedeutet, kann für einen anderen Körper etwas ganz anderes sein.

Als ich im vergangenen Jahr meine Eltern in Denver besuchte, gingen wir zusammen essen. Nach dem Hauptgericht fragte uns der Kellner, ob wir als Dessert die Spezialität des Hauses wünschten: warmer Schokoladenkuchen mit Vanilleeis und Karamellsoße.

Meine Mutter hörte ihm aufmerksam zu und sagte dann: »Meine Güte, das klingt sehr köstlich, aber ich liebe mich und ich weiß, wenn ich das esse, fühle ich mich hinterher nicht wohl, also muss ich leider ablehnen.«

Der Kellner staunte über ihre Antwort und meinte: »Nun, dagegen lässt sich wohl kaum etwas einwenden. Also gut.«

Doch dann meldete sich mein Vater zu Wort: »Ich liebe mich auch, und deshalb sage ich: Ja, ich hätte gerne eine Portion!« Alle lachten.

Während der Kellner das Gewünschte holte, sann ich darüber nach, was die beiden gesagt hatten. Es stimmte, meine Mutter vertrug keine Süßspeisen, während sie meinem Vater nichts ausmachten. Beide hatten für sich die richtige Entscheidung getroffen. Und als der Nachtisch kam, sagte ich, die ich lerne, mich besser zu lieben: »Ich liebe mich auch«, und naschte drei Häppchen vom Teller meines Vaters. Wir gingen alle voller Liebe zu uns selbst nach Hause.

Wenn Ihr Körper gut versorgt ist, wird er zu Ihrem besten intuitiven Rückkopplungssystem. Er warnt Sie vor Gefahren, indem Sie einen Druck im Magen spüren, sich Ihnen die Nackenhaare aufstellen oder Sie eine Gänsehaut bekommen. Er zeigt Ihnen durch Wärme im Hals, Schmetterlinge im Bauch oder Herzklopfen, was aufregend für ihn ist. Er ist Ihr bester intuitiver Ratgeber und wird Sie immer zu den besten Umständen leiten.

Je mehr wir unseren Körper lieben und uns um ihn kümmern, desto mehr kommen wir mit ihm in Einklang.

3. Schritt

Den GEIST kennenlernen

Worum es geht: Den GEIST kennenlernen

Durch diesen Schritt lernen Sie besser erkennen, wie sich Ihr GEIST durch Ihre individuelle Persönlichkeit zum Ausdruck bringt. Die praktische Übung »Glücklichsein wagen« stärkt Ihr Bewusstsein, dass es Ihr göttliches Recht ist, glücklich zu sein, und zeigt Ihnen, wie Sie Ihr Ego daran hindern, Ihnen die Freude zu rauben. So werden Sie nicht länger darauf warten, dass das Glück Sie findet – Sie werden sich dafür entscheiden sowie Ihren GEIST und Ihre natürliche Freude durch gesunde Grenzen schützen.

Es ist nicht nur wichtig, eine angemessene Atmosphäre zu schaffen, in der sich Ihr GEIST wohlfühlen kann, sondern auch, sich mit Ihrem GEIST vertraut zu machen. Achten Sie darauf, von welcher Art Ihr GEIST ist, was er mag – oder noch besser: was er liebt.

Wenn ich die Teilnehmer meiner Seminare bitte, mir etwas über ihren GEIST zu erzählen, wie er ist und was er liebt, ernte ich oft verständnislose Blicke. »Ich weiß nicht, wie mein GEIST ist«, höre ich dann. »Ich habe noch nie darüber nachgedacht«, oder: »Woher sollte ich wissen, wie mein GEIST ist, geschweige denn, was er liebt? Keine Ahnung!«

Doch keine Sorge – es ist ganz einfach, herauszufinden, wie Ihr GEIST ist. Es ist der Teil von Ihnen, der heiter, glücklich, kreativ und freundlich ist …, der Teil von Ihnen, der gegenwärtig ist, im Augenblick lebt und leicht lacht. Dieser Aspekt Ihres Wesens ist tolerant, immer vergebungsbereit, umgänglich und zuversichtlich. Es ist Ihre begeisterungsfähige, großzügige Seite. Und keine Angst, wenn Sie Ihren GEIST in diesen Begriffen nicht wiedererkennen oder spüren: Selbst wenn sich Ihr GEIST vor Ihnen verbirgt – solange Sie am Leben sind, ist es Ihr GEIST ebenfalls.

Neben diesen universellen Eigenschaften weist jeder GEIST individuelle Merkmale auf. Manche sind lebhaft und ungestüm – wie meiner zum Beispiel. Andere, wie der meiner ältesten Tochter oder meines Vaters, sind ruhiger, gelassener und zurückhaltender.

Mancher GEIST ist gut verwurzelt, praktisch und geduldig; sein Temperament ist erdig. Andere sind empfindsam und mitfühlend, also wässerig. Wieder andere sind eher redselig, beweglich und energiegeladen; das sind die feurigen Temperamente. Und der luftige GEIST ist weise und umsichtig. Können Sie anhand dieser kurzen Beschreibungen schon ahnen, welches Temperament Ihr GEIST wohl hat?

Sie mögen dieser Frage zum ersten Mal begegnen, aber sobald Sie anfangen, darüber nachzudenken, wird Ihr GEIST sich Ihnen mehr und mehr offenbaren. Um ihn noch besser kennenzulernen, können Sie die folgende Liste von Qualitäten durchgehen und schauen, wo Sie sich am ehesten wiedererkennen.

☙ Als ein erdiger GEIST neigen Sie zu:

- Festigkeit
- Beständigkeit
- guter Verwurzelung
- Gelassenheit

- langsamer Reaktion
- Geduld
- Zärtlichkeit

⊚ Als ein wässriger GEIST neigen Sie zu:

- Empfindsamkeit
- Mitgefühl
- Emotionalität
- Fürsorge
- Ermutigung
- Stimmungsanfälligkeit

⊚ Als ein feuriger GEIST neigen Sie zu:

- Ausdruckskraft
- Zielstrebigkeit
- Reaktionsschnelligkeit
- Entschiedenheit
- Impulsivität
- selbstbewusstem Auftreten
- Kommunikationsfreude

⊚ Als ein luftiger GEIST neigen Sie zu:

- globalen Ansichten
- Objektivität
- Neugier
- Einfallsreichtum
- Erfindungsgeist

Dies sind natürlich sehr allgemeine Beschreibungen; außerdem ist es nicht ungewöhnlich, dass ein GEIST mehrere Elemente in sich vereint, also zum Beispiel sowohl wässrig als auch erdig sein kann. Als göttliche Wesen stehen wir mit allen Aspekten bewussten Ausdrucks in Verbindung und vermischen oft unsere göttlichen Qualitäten.

Ein anderer Weg, Ihren GEIST tiefer zu erkunden und zu verstehen: Machen Sie sich bewusst, was Sie lieben! Was begeistert Sie so sehr, dass Sie Raum und Zeit vergessen und einfach das Jetzt genießen? Was bezaubert, fasziniert und bewegt Sie? Die Antworten auf diese Fragen sagen Ihnen viel über Ihren GEIST: Schreiben Sie sie auf; machen Sie eine kleine Liste all der Dinge, die Sie lieben, und Sie werden eine gute Vorstellung von Ihrem einzigartigen GEIST und dem von ihm bevorzugten Ausdruck gewinnen.

Zum Beispiel liebe ich es, zu reisen, vor allem in exotische Städte wie Marrakesch, Jaipur oder Kairo. Ich fühle mich dort zeitlos und bin fasziniert von der Schönheit und dem Geheimnis dieser Orte.

Ich gehe auch gerne shoppen. Ich muss dabei nichts kaufen, ich genieße es vielmehr, mit all meinen Sinnen die Kreativität und Vielfalt in den verschiedenen Läden wahrzunehmen. Ich liebe die Farben, das Licht, den Geruch, den Geschmack und die Berührung schöner Dinge. Ich kann den ganzen Tag shoppen und werde dabei kein bisschen müde.

Ich liebe es auch, mit meinen (inzwischen erwachsenen) Töchtern im Bett zu lümmeln und unsere alten Lieblingsfilme zu sehen, während wir uns die Fußnägel lackieren und uns in den Werbepausen Geschichten erzählen. Egal wie müde ich nach einem langen Arbeitstag bin, kann ich doch noch stundenlang mit meinen Töchtern reden und lachen, bevor ich auch nur das leiseste Bedürfnis nach Schlaf verspüre.

Ich liebe es auch, mit meinem Mann Patrick Rad zu fahren und mich abzumühen, bei seinem Tempo mitzuhalten, während er durch die Wälder in der Nähe unseres Hauses in Chicago fegt. Ich liebe es, wenn mein Herz so schnell schlägt, dass es mir schier aus der Brust zu hüpfen scheint, und ich liebe das Hochgefühl, das sich danach einstellt. Ich kann stundenlang so Rad fahren, selbst wenn ich vorher erschöpft war.

Zu Beginn meiner Seminare bitte ich die Teilnehmer zunächst, einander zu erzählen, was sie lieben, um ihren GEIST aufzuwecken. Wie gedämpft die Stimmung in der Gruppe zuvor auch gewesen sein mag, innerhalb von fünf Minuten brummt der Raum vor Energie. Ich höre immer wieder jemanden auflachen, und völlig Fremde tauschen sich begeistert aus.

Der GEIST ist nicht nur Ihre Quelle der Freude; seine Vorlieben mitzuteilen ist auch allen anderen eine Freude. Jedes Mal, wenn ich ein Seminar leite, staune ich darüber, wie schnell ein Raum voller schüchterner, zurückhaltender Menschen sich in eine Gruppe verwandelt, die sich wie alte Freunde fühlen, nur indem sie einander mitteilen, was ihr GEIST liebt.

Probieren Sie es, dann werden Sie erleben, was ich meine. Nehmen Sie ein Blatt Papier, wenn möglich jetzt gleich, und fangen Sie an. Je weniger Sie nachdenken und je spontaner Sie drauflos schreiben, desto besser. Notieren Sie alles, was Sie lieben. Es sollte nicht länger als fünf Minuten dauern, sonst fängt das Ego an, sich zu sehr einzumischen. Schauen Sie sich danach Ihre Liste an; sie wird Ihnen viel über die einzigartige Ausprägung Ihres GEISTES zeigen. Hier ist ein Beispiel:

Ich liebe …

- Familie
- Rockmusik
- Tanzen
- frische Blumen
- schöne Kleider
- tolle Schuhe
- festliche Abendessen
- gute Kissen
- Reisepässe
- französisches Brot und Käse
- Paris, dort sein und Freunde treffen
- Geschichten erzählen
- Singen
- Lehren
- Beten
- Schlafen
- Lachen

Natürlich umfasst Ihre Liste nicht unbedingt gleich alles, was Sie lieben, aber sie ist ein Anfang. Die oben stehende Liste enthält die wesentlichen Dinge, die ich wirklich sehr liebe, die meinen GEIST nähren und mein authentisches Selbst stärken. Wenn ich mich mit den Dingen auf dieser Liste beschäftige, fühle ich mich sofort wohl und friedlich, woraus ich schließen kann, dass ich mit meinem GEIST verbunden bin. Die Liste zeigt mir auch, dass ich ein feuriger, luftiger GEIST bin, der Annehmlichkeiten, Abenteuer und inspirierenden Austausch mit anderen schätzt.

Jetzt betrachten Sie noch einmal Ihre Liste. Sie wird auch Ihnen interessante Einblicke vermitteln. Zeigen Sie sie einer guten

Freundin oder einem Freund und fragen Sie, ob Sie vielleicht etwas vergessen haben. Zeigen Sie sie einem Familienmitglied oder jemandem, der Sie schon sehr lange kennt, und erkundigen Sie sich, ob Sie wohl noch etwas übersehen haben, das Sie sehr lieben. Fragen Sie, ob ihnen etwas einfällt, worin Sie gut sind und wobei Sie sich pudelwohl fühlen. Dadurch können Sie auch Aspekte Ihres GEISTES erkennen, die Sie vielleicht nicht bedacht haben oder die Sie nicht so leicht anerkennen können.

Als ich meinem Mann meine Liste vorlas, erinnerte er mich sofort daran, dass ich sehr gerne Probleme löse. Ja, das ist tatsächlich etwas, das mein GEIST liebt und das mir entgangen war. Und meinen beiden Töchtern fiel sofort auf, dass ich nicht daran gedacht hatte, wie gerne ich schreibe. Ich erhole mich beim Schreiben vorzüglich und hatte es momentan trotzdem ganz vergessen.

Wenn Sie an Ihrem Weg, Ihrer Wahrheit und Ihrem Lebenssinn zweifeln, können Sie anhand dieser Liste anfangen, Antworten zu finden, denn sie zeigt Ihnen, wo Ihr authentisches Selbst zum Ausdruck gelangt.

Gerade bin ich zum Beispiel von einem Seminar in San Francisco zurückgekommen, wo mir eine junge Frau erzählte, sie wisse nicht, was der Sinn ihres Lebens sei, und sie habe das Gefühl, mit ihrer Arbeit in einer großen Werbeagentur nur ihre Zeit zu vergeuden.

Als ich sie aufforderte, sich anzusehen, was sie liebt, stellte sich heraus, dass sie in Kansas aufgewachsen war und Tiere liebte – vor allem Pferde, mehr als alles auf der Welt. Es machte ihr große Freude, zu reiten, an Turnieren teilzunehmen, die Tiere zu pflegen, sie auszubilden – einfach alles, was man mit Pferden anstellen kann. Sie hatte das starke Gefühl, dass sie heilsam für ihren GEIST waren, und sie merkte, sie vermisste den Kontakt zu diesen Tieren sehr.

Während unserer Unterhaltung erwähnte sie auch, dass sie gern mit jungen Mädchen arbeitete, vor allem mit Mädchen aus schwierigen Familienverhältnissen. Sie hatte das in den Jahren am College getan. Im Lauf der Zeit war sie für einige Mädchen wie eine große Schwester geworden, und das hatte ihr viel Freude bereitet. Außerdem erinnerte sie sich, wie gern sie in der Natur war: Oft wollte sie weg von San Francisco und in eine ländlichere Gegend ziehen.

Jetzt war ihr klar, dass ihr GEIST sich dazu hingezogen fühlte, mit Pferden zu arbeiten und vielleicht einen Weg zu finden, jungen Mädchen zu helfen, durch den Umgang mit Pferden mehr Selbstvertrauen zu entwickeln. Sie beschloss auf der Stelle, nach Lake Tahoe zu ziehen und dort anzufangen, mit Pferden zu arbeiten. Am Ende unseres Gesprächs hatte ihr GEIST wieder vollständig von ihr Besitz ergriffen. Ihre Augen strahlten, das innere Feuer wärmte ihren Bauch und sie war sich völlig darüber im Klaren, was zu tun war. Ich weiß nicht, ob sie ihre Idee auch umgesetzt hat, doch immerhin verließ sie voller Verbundenheit mit ihrem GEIST das Seminar und war darüber sehr glücklich.

Auf dem Seminar sprach ich auch mit einer anderen Teilnehmerin, die seit über zwanzig Jahren in der wissenschaftlichen Forschung arbeitete. Auf meine Frage, was sie liebt, sagte sie: »Kinder!« Ich ermutigte sie fortzufahren, und sie erkannte, dass sie sehr gerne Kindern etwas beibrachte und mit ihnen zusammen war und oft davon geträumt hatte, eine eigene Montessori-Schule aufzumachen. Im Gespräch wurde ihr klar, dass sie in ihrem bisherigen Beruf zwar gut war, doch ihrem GEIST bereitete es überhaupt keine Freude. Sie machte es ihrem sehr ehrgeizigen Vater zuliebe, doch es langweilte sie; sie ging jeden Tag ungern zur Arbeit. Ihr GEIST fühlte sich einsam. Sie mochte es nicht länger ertragen. Selbst die Anerkennung ihres Vaters, die ihr Ego für so wichtig hielt, schien ihr der Mühe nicht mehr wert.

Nachdem sie sich mit ihrem GEIST verbunden hatte, fiel es ihr leichter, sich der Richtung zuzuwenden, die sie anzog. Am Ende des Seminars gelobte sie sich selbst, ihrem GEIST zu folgen und sich dem zu widmen, was sie wirklich tun wollte. »Ich werde meine Schule aufmachen«, erklärte sie. »Allein der Gedanke daran macht mich glücklich und inspiriert mich. Ich habe keine Angst.« Die ganze Gruppe applaudierte.

Wenn ein Mensch seinem GEIST folgt, ermutigt es uns alle, dasselbe zu tun. Und da es nur einen GEIST gibt, wirkt die Befreiung eines einzelnen Menschen von Angst und Ego auch auf alle anderen.

Je mehr Sie Ihrem GEIST geben, was er liebt, desto stärker wird er und desto besser fühlt er sich in Ihrem Körper zu Hause; je mehr dies der Fall ist, desto weniger verloren und orientierungslos fühlen Sie sich. Ein gut genährter, voll verkörperter GEIST beruhigt das nervöse, verunsicherte, sich selbst sabotierende, ängstliche Ego und lenkt Sie zu dem, was Sie glücklich macht und mit Licht erfüllt. Sie hören auf, sich zu sorgen; wie Puzzleteile finden Sie Ihren rechten Platz und befinden sich auf einem Pfad, auf dem Sie Ihr authentisches Selbst erfüllen.

Je besser Sie Ihren GEIST kennen und ihm erlauben, Sie zu dem zu leiten, was Sie lieben, desto schneller gelangen Sie in ein angenehmes, gut verwurzeltes Muster der Leichtigkeit und des Selbstvertrauens. Dann müssen Sie nicht mehr über Ihren Lebenssinn nachdenken, dann leben Sie einfach im Einklang mit ihm.

Nähren Sie in sich das Verlangen, Ihren GEIST besser kennenzulernen. Achten Sie auf alles, was Ihr Herz zum Klingen bringt. Folgen Sie diesen Hinweisen und sie werden Sie immer direkt zu dem führen, wonach Sie im Leben suchen.

Sorgen Sie sich nicht, wenn Sie vielleicht manchmal in Ihr Ego zurückfallen, sich von Ihrem GEIST entfernen und in die Falle der Negativität und Verunsicherung tappen. Tun Sie einfach jeden Tag mindestens eine Sache, die Ihr GEIST liebt, dann finden Sie wieder in die Spur zurück.

Die Praxis: Glücklichsein wagen

Kürzlich war ich bei einem guten Freund zur Grillparty eingeladen. Da ich die meisten anderen Gäste nicht kannte, hörte ich erst eine Weile ihren Gesprächen zu, bevor ich mich daran beteiligte. Meistens hörte ich von Problemen und Schwierigkeiten. Das allgemeine Thema war: »Es ginge mir ja gut, wenn nur dies oder jenes anders wäre.«

Wann immer jemand seine Sorgen mitteilte, ging ein mitfühlendes Brummen durch die Gruppe. Die meisten dieser Sorgen kamen mir bekannt vor: Sie drehten sich um Schwierigkeiten mit heranwachsenden Kindern (die mir wohlbekannt waren), um kranke Familienmitglieder (die ich ebenfalls habe), um die steigenden Grundsteuern (auch unsere waren unglaublich gestiegen), um Partnerschaftsprobleme (meine Partnerschaft ist allerdings eine der besten) und um anderes, was mit dem Leben in der physischen, menschlichen Welt einhergeht.

Während ich zuhörte, spürte ich einen starken energetischen Zug, mit meinen eigenen Sorgen in das Lied einzustimmen. Aber ich weiß, dass es sehr viel selbstliebender ist, trotz aller Probleme positiv und friedlich zu sein, also widerstand ich der Versuchung, mitzujammern. Probleme hin oder her, mein GEIST ist lieber glücklich, und so stimmte ich einen positiven Beitrag an.

Als ich mich in dieser Stimmung einbrachte, geriet die Unterhaltung ins Stocken, ja die Angesprochenen suchten sich sogar schnell andere Gesprächspartner. Ich startete ein paar weitere Versuche, mich positiv einzubringen, aber ich merkte, dass so viel Fröhlichkeit nicht gern gesehen wurde. Stattdessen erntete ich ein gequältes Lächeln und ein paar herablassende »Na, Sie Glückliche«, dem jedoch ein unausgesprochenes »Sie halten sich wohl für etwas ganz Besonderes« folgte. Andere gaben sich plötzlich abgelenkt und gingen weg.

Ich will mit dieser Geschichte nur zeigen, dass die Entscheidung, glücklich und voller Selbstliebe zu sein, Sie nicht unbedingt beliebter machen wird, vor allem angesichts der von anderen Autoren sogenannten »Leidenswährung«, die in unserer Kultur im Umlauf ist und nach der viele von uns süchtig sind. Diese Währung wird vom Ego ausgegeben. Es liebt es, sich über Leiden zu unterhalten, weil es nur Leiden fühlt. Es kennt nichts anderes. Menschen, die nicht wissen, dass sie GEIST sind, und nicht mit ihrem GEIST verbunden sind, fallen diesem Drang des Ego leicht zum Opfer und jammern. Und wenn Sie dieses Spiel nicht mitspielen, können die Egos der anderen ziemlich ärgerlich werden, um Sie einzuschüchtern, damit Sie wieder mitmachen. Schließlich sagt schon der Volksmund: Geteiltes Leid ist halbes Leid.

Achten Sie also darauf, dass Sie nicht in diese Falle tappen, und bleiben Sie aufmerksam. Stimmen Sie nicht in das allgemeine Klagelied ein, um sich mit den anderen verbunden zu fühlen. Bleiben Sie Ihrem GEIST treu und wagen Sie es, sich gut zu fühlen. Am Anfang mag sich das etwas befremdlich anfühlen, als wären Sie mit Ihrer Umgebung nicht ganz in Übereinstimmung – und so ist es ja auch. Die allgemeine, dominante Energie entspricht dem Klammergriff des Ego. Halten Sie sich an Ihre Selbstliebe, leben Sie Ihren GEIST und haben Sie Geduld mit den anderen. Es mag manchmal schwer zu glauben sein, aber es gibt auch andere Menschen, die in einer höheren Schwingung leben, und wenn Sie Ihre Schwingung hoch halten, werden Sie ihnen begegnen. Bleiben Sie bis dahin Ihrem GEIST treu und genießen Sie Ihren Frieden, obwohl es in Ihrem sozialen Umfeld vielleicht nicht populär ist.

Erkennen Sie Angriffe oder Urteile über Ihr Glücklichsein als Attacken des Ego und lachen Sie darüber. Wenn Sie Ihre Schwingung erhöhen, werden Sie von jenen, die tief im Morast des Ego stecken, herausgefordert. Nutzen Sie solche Herausforderungen als Gelegenheiten, diesen Menschen einen anderen Weg zu zeigen. Die anderen mögen davon zunächst nicht begeistert sein, aber lassen Sie ihnen Zeit zum Nachdenken. Haben Sie Mitgefühl, wenn Ihnen Negativität entgegenschlägt, und betrachten Sie den Augenblick als Chance, ein bisschen Freude auszusäen. Man kann nie wissen, welche Wirkung das langfristig haben wird – Sie werden vielleicht überrascht sein.

Eine liebe Klientin von mir fuhr einmal mit ihrer alten Tante zu einem Kloster in Iowa, das für seine von den Nonnen hergestellten Bonbons und Pralinen berühmt ist. Als sie ihre Lieblingskaramellen eingepackt hatten, nahm meine Klientin eine in den Mund, genoss den Geschmack und wandte sich begeistert an ihre Tante: »Ach, wie ich diese Karamellen liebe. Ich bin so dankbar, dass ich in meinem Leben solche Süße genießen kann.«

Worauf ihre Tante scharf erwiderte: »Du solltest auch dankbar sein, junge Dame, denn der Himmel weiß, dass du solche Süße nicht verdienst, wie überhaupt alles, was dir Gott gibt.«

Wow! Das war genug Negativität, um alle Süße aus der Karamelle und aus dem Herzen zu vertreiben. Zum Glück löste die Bemerkung jedoch nicht die Schamgefühle aus, auf die sie abzielte. Meine Klientin liebte sich, ihr GEIST freute sich über alle Maßen an der süßen Karamelle und sie ließ sich von der Säuerlichkeit ihrer Tante nicht einschüchtern. Sie lächelte sie nur an und nahm noch eine.

Bald darauf fuhr meine Klientin wieder nach Hause. Sie dachte über die Bemerkung ihrer Tante nicht weiter nach, bis sie sechs Monate später überraschend ein Päckchen erhielt: eine Schachtel mit Karamellen aus dem Kloster. Dabei lag ein Brief der Tante: »Du hast diese Karamellen so genossen, dass ich dir gerne noch ein paar schicken wollte. Zu wissen, dass sie dir den Tag versüßen, versüßt mir den meinen.«

Meine Klientin war verblüfft. Ihre Entscheidung, ihrer Selbstliebe treu zu bleiben, hatte bei der Tante offenbar einen bleibenden Eindruck hinterlassen. Der Brief zeigte ihr, dass der GEIST ihrer Tante an jenem Tag geweckt worden war. Im Rückblick machte ihr das die Reise umso süßer.

Mir geht es darum, dass Sie den Widerstand anderer gegen Ihre Freude nicht persönlich nehmen. Die Entscheidung für Selbstliebe fordert das kollektive Paradigma der Schuld und Scham heraus, das uns seit Jahrtausenden beherrscht. Wenn wir dem Weg des Ego folgen, fühlen wir uns nie der Selbstliebe würdig. Entscheiden wir uns jedoch, unseren GEIST zu leben, sind wir sofort frei. Und darüber hinaus helfen wir durch unser Vorbild anderen, sich zu befreien – wenn auch vielleicht nicht sofort.

Mein spiritueller Lehrer lehrte mich das, indem er sagte: »Der Weg, den Leidenden dieser Welt zu helfen, besteht darin, nicht einer von ihnen zu sein.« Ganz einfach.

Es mag nicht populär sein, nichtsdestotrotz ist es liebevoll gegenüber anderen, sich selbst zu lieben und den eigenen GEIST zu verwirklichen.

Es kann ein einsamer Weg sein, sich für Selbstliebe zu entscheiden. Sie werden Herausforderungen begegnen und zweifellos geprüft werden. Nehmen Sie den Widerstand anderer nicht persönlich. Sehen Sie ihn lieber als ein Zeichen, dass Sie sich befreien aus dem verderblichen Teufelskreis der Selbstverachtung und des kontrollierenden Ego, das Ihnen so viel Schmerz bereitet. Je mehr Gegenwind Ihnen entgegenbläst, desto sicherer können Sie sein, dass Sie auf dem Weg zurück zur Selbstliebe des GEISTES sind.

Sich selbst und andere zu verurteilen ist eine Seelenkrankheit, ähnlich wie eine Grippe. Jeder, der unter der »psychischen Grippe« der Negativität leidet, ist ziemlich krank und fühlt sich elend. Seien Sie mitfühlend. Seien Sie gnädig. Aber behalten Sie gleichzeitig Ihren gesunden Menschenverstand. Seien Sie sich bewusst, dass diese Art energetischer Grippe ansteckend ist und selbst die Gesündesten unter uns befallen kann. Seien Sie froh, dass Ihre Selbstliebe Ihre Widerstandskraft stärkt. Mit etwas Übung kann daraus echte Immunität werden.

Egal was Ihnen begegnet, bleiben Sie Ihrer Hingabe an die Liebe zu Ihrem GEIST treu und lassen Sie sich nicht von den Urteilen anderer aus Ihrer Mitte bringen. Seien Sie sich bewusst, dass die anderen möglicherweise spirituell nicht ganz gesund sind, und vergeben Sie ihnen. Gott will, dass Sie glücklich, fröhlich und frei sind – ja, er befiehlt Ihnen, so zu sein. Bleiben Sie Ihrem GEIST treu und ehren Sie den Schöpfer. Bestehen Sie darauf, Ihr Leben zu genießen, egal was kommt.

4. Schritt

Verbindung mit der Seelenfamilie aufnehmen

Worum es geht: Verbindung mit der Seelenfamilie aufnehmen

Dieser Schritt hilft Ihnen, den Fokus darauf zu legen, sich mit Ihrer persönlichen Seelenfamilie zu umgeben – mit Menschen, die Sie in Ihrer Authentizität mögen und bestärken. Hier geht es um das Bedürfnis Ihres GEISTES nach Gemeinschaft mit Gleichgesinnten und wie Sie sie finden können. Die praktische Übung »Dem GEIST die Führung überlassen« hilft Ihnen, Ihre Absicht täglich so auszurichten, dass es Ihrem GEIST dienlich ist. Je mehr Sie mit Ihrem authentischen Selbst im Einklang sind, desto mehr werden Sie lieben und schätzen lernen, wer Sie wirklich sind.

Es gehört zu den heilsamsten Handlungen der Selbstliebe, die wir wählen können, uns mit der Familie zu verbinden. Unser GEIST erholt sich einfach am besten im Zusammensein mit gleichgesinnten Geistern, und es schwächt ihn, von dieser Ressource abgeschnitten zu sein. Wir sind von Natur aus Herdentiere; wir brauchen unseren Stamm, unser Volk, um unser Energiefeld zu stärken und unser authentisches Selbst gespiegelt zu bekommen.

Idealerweise geschieht das mit Mitgliedern unserer Ursprungsfamilie. Aber für den GEIST hat Familie nicht notwendigerweise etwas mit Blutsverwandtschaft zu tun. Es gibt eine Abstammung des Körpers und eine Abstammung der Seele. Unser »Seelenstammbaum« besteht aus all den gleichgesinnten Seelen, die Sie auf einer tiefen, authentischen Ebene energetisch erkennen und mit Ihnen mitschwingen, ohne dass Erklärungen oder Anstrengung notwendig wären. Es ist ein gegenseitiges Sichverstehen.

Das Wichtige an den familiären Verbindungen: Im Hinblick darauf, Ihren GEIST zu leben und zu lieben, sind gute Verwandtschaftsbeziehungen hilfreicher als das Alleinsein, denn sie erinnern Sie daran, Ihrem GEIST treu zu bleiben und immer wieder zu sich selbst zurückzukehren.

Wann immer ich mit meiner Familie zusammen bin, insbesondere mit meinen Geschwistern, dauert es nur Minuten, bis ich mich entspanne, lache und mehr zu meinem authentischen Selbst werde. Alle Selbstzweifel und Ängste beruhigen sich, mein Humor gewinnt die Oberhand und ich fühle mich sogleich wieder »daheim«.

Bei meiner Familie fühle ich mich gesehen, verstanden und wohl in meiner Haut. Ich vergesse mein äußeres Selbst, meine »Geschichte«, meine externe Identität. Ich höre auf, »jemand« zu sein, und *bin* einfach.

Das soll nicht heißen, dass es in meiner Familie keine Schwierigkeiten, Kämpfe, Klagen und Irritationen gibt. Wir sind eine Horde hitzköpfiger Franko-Rumänen; es gilt also, jede Menge Differenzen auszufechten. Aber all das existiert nur auf der Ego-Ebene. Selbst wenn es gerade Streit gibt, regenerieren wir uns miteinander auf der Seelenebene. Bei unserem Zusammensein passiert etwas energetisch Positives und wir fühlen uns wohler.

Ich habe bemerkt, dass es meinem Mann in seiner Familie ähnlich geht. Nichts verjüngt Patricks GEIST so schnell wie ein paar Stunden mit seinen Geschwistern, und das trotz der Tatsache, dass er der älteste Sohn einer großen katholischen Familie ist, mit all den vorhersehbaren Pathologien. Doch tief in ihm hellt sich dort etwas auf, beruhigt ihn und nährt seine Seele. Alle Zeit der Welt mit mir gibt ihm energetisch nicht das, was ihm seine Geschwister geben. Sie sind nicht besser – einfach anders.

Das Zusammensein mit der Familie nährt uns nicht auf der intellektuellen oder emotionalen Ebene, sondern energetisch. In Patricks Fall gab es sogar zu verschiedenen Zeiten riesige intellektuelle und emotionale Auseinandersetzungen mit seinen Geschwistern. Aber das macht nichts. Die Gemeinschaft mit ihnen tut ihm auf der Schwingungsebene gut. In ihrer Gegenwart fühlt sich sein GEIST bestätigt, und das macht ihn glücklich.

Ich glaube, wir alle haben zumindest mit einem in unserer Ursprungsfamilie eine Seelenverbindung: mit einem Verwandten, der unseren GEIST bestärkt und uns davor bewahrt, uns völlig in der Verwirrung des Ego zu verlieren. Es kann ein Bruder oder eine Schwester sein, ein Elternteil, ein Cousin, eine Tante, Großvater oder Großmutter: Mindestens einer in der Sippe kann Sie – Ihr authentisches, göttliches Ich – sehen und nimmt Sie richtig wahr. Dieser Verwandte erinnert Sie daran, dass Sie um Ihrer selbst willen geliebt werden und an sich glauben sollten. Diese Person ist da, damit Sie den Kontakt zu Ihrem GEIST nicht völlig verlieren.

Manchen Menschen mag es unvorstellbar erscheinen, dass ihre Ursprungsfamilie sie unterstützen könnte. Ich höre oft Klagen von Menschen, die sich von ihrer Familie überhaupt nicht verstanden fühlen und sich deshalb verärgert und bekümmert zurückgezogen haben. Falls das auch auf Sie zutrifft, sollten Sie sich aufrichtig

60

anschauen, ob Sie Ihrer Familie auch wirklich eine faire Chance gegeben haben, Sie zu verstehen, indem Sie sich Ihren Angehörigen offen gezeigt haben.

Gerade heute habe ich mit einer Mutter und ihrem Sohn getrennte Telefonate geführt. Beide waren frustriert und tief verletzt, weil sie sich vom anderen nicht liebevoll gesehen fühlen. Die Mutter hat ihrem Sohn ihr Leben gewidmet; sie finanzierte seine Ausbildung, bezahlte seine Wohnung, sein Auto und seine Kleidung. Sie gab für ihn viel Geld aus, deshalb war sie wütend, dass ihr Sohn sie so respektlos behandelte.

»Er weiß mich nicht zu schätzen«, klagte sie, und es kam nicht von ihrem Ego, sondern aus ihrer verwundeten Seele.

Der Sohn hingegen kümmerte sich um ihren Garten und ihre Haustiere und hatte ihr ganzes Haus neu gestrichen. Im Wohnzimmer hatte er sogar wunderschöne Wandgemälde angelegt. »Sie schätzt mich nicht«, klagte er genauso.

Beide kümmerten sich zwar pflichtbewusst um den anderen, doch das Problem war, dass sie nicht miteinander redeten. Sie wussten nicht, was den anderen bewegt, woran er glaubt oder wovon er träumt. Anders gesagt: Sie wussten nichts vom GEIST des anderen. Sie merkten nur die Enttäuschung.

Die Mutter konnte sehr gut mit Geld umgehen und hatte eine Stiftung gegründet, die über zwanzig obdachlose Frauen versorgte, inklusive Arztkosten und beruflicher Wiedereingliederungsmaßnahmen. Ihr Sohn hatte keine Ahnung, wie tief ihr mitmenschliches Verantwortungs- und Mitgefühl ging. In dieser Arbeit kam ihr authentisches Selbst am meisten zum Ausdruck, doch der Sohn kannte sie nur als rechthaberische Mutter, die sich für nichts als Geld interessierte, denn das war es, worüber sie mit ihm kommunizierte.

Er hingegen schrieb wunderschöne Lieder und Kompositionen, die auf verschiedenen örtlichen Bühnen aufgeführt wurden. So trug er auf seine Weise zur Schönheit der Welt bei, doch seine Mutter wusste nichts von seiner musikalischen Begabung. Er hatte ihr diese Facette seines authentischen Selbst nie gezeigt. Sie sah ihn stets als »Träumer«, der aus ihrer Sicht nie einer »richtigen« Arbeit nachging.

Weil sie einander ihr wahres Selbst vorenthielten, beraubten sie sich auch der Freude an einer tieferen Seelenverbindung. Sie gingen auf einer weniger authentischen Ego-Verbindung miteinander um und vermieden auf diese Weise das Risiko des Unbehagens, das mit der Offenbarung des eigenen GEISTES verknüpft ist.

Ich stelle immer wieder fest, dass Menschen diesen Fehler machen, vor allem in Familien. Das Potenzial für eine tiefe Seelenverbindung ist da, aber es muss auch gesehen werden und gewollt sein. Wenn wir uns von Ego zu Ego aufeinander beziehen, erkennen wir diese tieferen Verbindungen oft nicht. Das Ego betrachtet jeden als potenziellen Feind, selbst Familienmitglieder. Wenn wir uns hingegen von GEIST zu GEIST aufeinander beziehen, sehen und fühlen wir unsere göttliche Verbindung sofort.

Meine Rolle in der Beratung von Mutter und Sohn am selben Tag war von ihrem GEIST wohl orchestriert worden, damit sie lernen konnten, einander besser zu erkennen und sich wieder auf eine echte Seelenverbindung einzulassen.

Nachdem sie von der großzügigen beziehungsweise kreativen Seite des anderen erfahren hatten, öffnete sich ihre Wahrnehmung. Ich schlug vor, die Mutter solle zu einem Konzert des Sohnes gehen – und er mit ihr zu ihrer Arbeit mit den hilfsbedürftigen Frauen. Beiden gefiel die Idee.

Ein paar Wochen später bekam ich eine Nachricht von ihnen: Sie hätten durch das intensivere Kennenlernen eine neue Achtung füreinander entwickelt. Sie hatten miteinander geredet und beschlossen, ihre Talente zu verbinden: Gemeinsam mit seinen Freunden wollte der Sohn ein Wohltätigkeitskonzert für die Stiftung seiner Mutter veranstalten, und sie wollte ihre Geschäftsbeziehungen nutzen, um Sponsoren dafür zu gewinnen. Jetzt da sie die schönsten Seiten des anderen sahen, wurden sie Freunde und Verbündete. Und ich bin sicher, das war von Anfang an der Plan ihrer Seelen gewesen.

Ich erzähle das hier, um Ihnen nahezulegen, Ihrer Familie eine faire Chance des Kennenlernens zu geben, bevor Sie beschließen, sie verstehe Sie ohnehin nicht. »Fair« bedeutet hier, dass Sie die Mühe auf sich nehmen, die das Aufdecken einer echten Verbindung mit sich bringen kann.

Ein lieber Freund von mir ist zum Beispiel in einer sehr vergifteten, extrem religiösen, alkoholsüchtigen Familie aufgewachsen: In ihren Augen galt der größte Teil der Menschheit als moralisch inakzeptabel. Da dieser Freund schwul ist, beschloss er, seine Familie sei zu selbstgerecht und moralisch konservativ, um seine sexuelle Orientierung zu akzeptieren, und zog in eine andere Stadt. Er wollte sich mit seiner wahren Natur nicht verstecken und schrieb seinen Angehörigen vor seinem Umzug alles in einer Art Abschiedsbrief, aber er gab ihnen keine Chance, die Informationen in seiner Gegenwart aufzunehmen.

Es überraschte ihn nicht, dass er jahrelang nichts von seiner Familie hörte. Doch eines Tages stand plötzlich seine zehn Jahre jüngere Schwester unangekündigt vor seiner Tür. Verblüfft bat er sie herein und fragte sie eher defensiv, was sie denn hier tue. Nach mehreren Stunden voller Tränen, in denen sie ihn beschimpfte und wütend konfrontierte, hatte sie ihm klargemacht, seine Eltern mochten zwar energetisch nicht fähig sein, Teil seiner spirituellen Familie zu sein, sie aber sehr wohl. Er hatte ihr nie die Chance dazu gegeben. Er hatte den Kontakt abgebrochen, obwohl sie ihn als Teil ihrer Seelenfamilie brauchte.

Die Wunden verschwanden nicht über Nacht, aber die energetische Heilung begann sofort. In dem Augenblick, da sie einander auf der geistigen Ebene begegneten, merkten beide, welch ein Energieverlust eingetreten war, als er sich so plötzlich aus dem Staub gemacht hatte. Ihre Beziehung war nicht einfach, aber wertvoll. In ihrem gemeinsamen Ringen darum halfen sie einander, authentischer und stärker mit ihrem GEIST verbunden zu sein. Niemand anderes hätte das so gekonnt.

Seine Eltern nahmen nie wieder Kontakt mit ihm auf, nachdem er gegangen war. Sie starben beide relativ jung, aber mit seiner Schwester blieb er seitdem verbunden und sie genossen eine tiefe Selbstliebe und Selbstwertschätzung.

Trotz alledem ist es natürlich richtig, dass die Verwandtschaft manchmal nicht die Seelennahrung zur Verfügung stellt, die unser GEIST braucht, um sich tief geliebt zu fühlen. Wenn Sie alle Möglichkeiten einer echten Verbindung erkundet haben und Sie auf der Seelenebene spüren, dass es in Ihrer Blutsverwandtschaft niemanden gibt, der Ihren wahren GEIST erkennt, dann ist es Zeit, Ihre Seelenverwandten aufzusuchen: jene Seelen, die zurzeit verkörpert sind, die in vergangenen Leben Teil Ihrer Blutsverwandtschaft waren und Sie erkennen und bedingungslos lieben.

Sie erkennen Mitglieder Ihrer Seelenverwandtschaft, weil Sie sie sehr mögen, gerne in Ihrem Leben haben und das Zusammensein mit ihnen einfach und entspannt ist. Sie haben vielleicht intellektuell keine Ahnung, warum Sie so eine starke Verbindung spüren, aber Sie fühlen sich mit ihnen authentisch und im Frieden. Ihre Schwingung energetisiert Ihren GEIST.

Beim Zusammensein mit einem Seelenverwandten kann Ihr bewusster Fokus auf Spirituelles gerichtet sein oder auch nicht. Vielleicht lernen Sie eine Nachbarin kennen, die genauso leidenschaftlich kocht wie Sie, und plötzlich stehen Sie beide häufig zusammen in der Küche und haben großen Spaß dabei. Sie reden vielleicht nie über die Seele oder dergleichen, sondern nur über Zucker und Mehl. Aber Ihre Seelen fühlen sich durch dieses Zusammensein genährt. In diesem Sinne ist es absolut spirituell.

In der Gegenwart eines Seelenverwandten fühlen Sie sich sofort besser, stärker, glücklicher und lebendiger. Ihr Körper ist entspannt, Ihre Stimmung hellt sich auf, Ihre Ängste verschwinden, Sie denken kaum noch an die Vergangenheit oder Zukunft, sondern sind einfach gegenwärtig. Und vor allem fühlen Sie sich gut mit sich selbst – genauer gesagt: Sie lieben sich selbst.

Manche Mitglieder meiner Seelenfamilie interessieren sich für meine Arbeit und andere nicht. In Frankreich lebt eine ganze Gruppe von Seelenverwandten von mir, die kaum wissen, was ich beruflich tue, und die sich auch nicht darum kümmern. Sie mögen mich eben, wie ich bin, und umgekehrt geht es mir genauso. Sie nähren mich auf einem Level, das anders ist als die Ebene meines »spirituellen Lehrer-Selbst«. Sie beziehen sich mehr auf ein Selbst von mir, das gerne reist, Abenteuer liebt, shoppen geht und künstlerisch aktiv ist. Sooft ich mit ihnen zusammen bin, fühle ich mich hinterher, als hätte ich eine Bluttransfusion bekommen – ich fühle mich positiv und erholt. Ich brauche diese Verbindung. Sie nährt meinen GEIST und bringt Freude in mein Leben. Sie hilft mir auch, mich daran zu freuen, ich selbst zu sein.

Solche Seelenverbindungen sind essenzielle Komponenten der Selbstliebe. Machen Sie sich diese Beziehungen bewusst und würdigen Sie sie. Tun Sie, was immer nötig ist, um sich mit den Mitgliedern Ihrer Seelenfamilie regelmäßig auszutauschen. Zum Glück finden wir sie überall, wo wir sind. Wir brauchen nur unserem Herzen zu folgen.

Die Praxis: Dem GEIST die Führung überlassen

Beginnen Sie Ihren Tag mit Dankbarkeit, wenn Sie morgens aufwachen. Egal wie Sie sich fühlen oder was in Ihrem Leben gerade los ist: Machen Sie sich bewusst, es ist schon ein Geschenk des Schöpfers, an diesem Tag lebendig zu sein. Verkünden Sie laut oder im Stillen, wofür Sie dankbar sind. Das kann etwas so Schlichtes sein wie: »Ich bin dankbar, dass ich heute Morgen aufgewacht bin«, »Ich bin dankbar, dass ich denken kann«, oder: »Ich bin dankbar, dass ich atme.«

Nennen Sie am Anfang mindestens drei Dinge, für die Sie Dankbarkeit empfinden. Mit etwas Übung wird die Liste länger. Sie brauchen für diese Übung nur wenige Minuten, denn Sie müssen nicht alles, wofür Sie dankbar sind, laut aufsagen. Es reicht, dass Sie sich ein paar Dinge bewusst machen und dann wirkliche Dankbarkeit dafür empfinden.

Dankbar zu sein ist ein echter Akt der Selbstliebe. Es lenkt die Aufmerksamkeit weg von allem, was Sie aufregt, ängstigt, nervt, frustriert oder deprimiert, und es nährt Ihren Körper mit positiven, heilenden Schwingungen. Dankbarkeit verjüngt die Zellen, verlangsamt den Herzrhythmus und entspannt die Muskeln. Es tut einfach gut.

Nachdem Sie so Ihre Dankbarkeit zum Ausdruck gebracht haben, nehmen Sie mit Ihrem GEIST Kontakt auf und bitten ihn, Sie an diesem Tag zu leiten. Stellen Sie sich stabil hin, mit beiden Füßen auf dem Boden, atmen Sie tief durch die Nase ein und durch den Mund aus und tönen Sie beim Ausatmen ein langes »Aah«. Diese Art zu atmen öffnet das Herz und lädt Ihren GEIST in Ihren Körper ein.

Wenn Sie Stress, Anspannung oder Besorgnis bemerken, atmen Sie auf diese Weise weiter, bis Sie sich zentriert, geerdet und entspannt fühlen. Bei jedem Einatmen heißen Sie mental Ihren göttlichen GEIST in Ihrem Körper willkommen und erinnern sich daran, dass Sie Ihr heiligstes Selbst einladen, die Führung zu übernehmen. Spüren Sie die Präsenz Ihres GEISTES, während er sich in Ihrem Körper zentriert. Achten Sie darauf, wie seine Energie Ihre Lungen, Ihr Herz, Ihren denkenden Geist und schließlich Ihre Zellen mit Licht erfüllt. Genießen Sie dieses Gefühl. Stellen Sie sich dann auch visuell vor, wie Ihr GEIST ganz in Ihren Körper kommt und sich in Ihren Knochen niederlässt und heimisch wird.

Lassen Sie sich mit dieser Übung Zeit. Das Ego stürzt sich gerne Hals über Kopf in den Tag und erzeugt ein falsches Gefühl der Dringlichkeit und Eile – während der GEIST lieber »Herz über Kopf« vorgeht: langsam, friedvoll und ruhig.

Wenn Sie sich geerdet und in Ihrem GEIST zentriert fühlen, legen Sie beide Hände auf Ihren Solarplexus (leicht oberhalb des Bauchnabels). Dort sitzt Ihr drittes Chakra, besser bekannt als Kraftzentrum. Von diesem energetischen Punkt in Ihrem Körper aus treffen Sie Entscheidungen und steuern Ihr Leben. Dies ist auch der Ort, von dem aus sich Ihr GEIST in die Welt bewegt.

Stellen Sie sich vor, wie die Präsenz Ihres GEISTES sich von Ihrem Herzen bis in Ihren Bauch hinein ausdehnt, beide voll umfassend. Sie tun dies, indem Sie weiter ruhig atmen, während Sie innerlich sehen, wie sich Ihr Körper mit hellem Licht erfüllt.

Mit beiden Händen auf dem Bauch stellen Sie sich nun vor, ganz in Ihrer Kraft zu sein, und sagen laut: »Das Wichtigste für meinen GEIST ist heute … «, und warten ab, womit Ihr GEIST die Leerstelle füllt. Vielleicht sagen Sie: »Das Wichtigste für meinen GEIST ist heute, in mein Tagebuch zu schreiben«, oder: »… Zeit mit meinem Partner zu verbringen«, oder: »… Sport zu treiben.«

Seien Sie geduldig und geben Sie Ihrem GEIST Zeit, um die Antwort zu offenbaren, statt sich mental etwas auszudenken. Konzentrieren Sie sich auf eine Absicht, ein Ziel für den Tag. Das Ego stellt gern lange To-do-Listen auf. Das setzt Sie unter Druck und lässt viel Raum für Frustrationen, denn so gut Ihre Absichten auch sein mögen, das Leben ereignet sich in Wellen, es windet sich und fließt und hält alle möglichen Überraschungen für uns parat.

Wenn Sie lange To-do-Listen abarbeiten wollen, ist daher die Wahrscheinlichkeit hoch, dass etwas dazwischenkommt und Sie sich niedergeschlagen fühlen. Es kann dann auch leicht geschehen, dass Sie synchronistische Chancen verpassen, weil Ihr Verstand so mit Ihren Verpflichtungen beschäftigt ist. Der GEIST hält das Leben gerne einfach. Sie brauchen nur eine wichtige Priorität für den Tag zu benennen und sie umzusetzen, und Ihr GEIST wird glücklich sein.

Beginnen Sie also damit, herauszufinden, was für Ihren GEIST heute besonders wichtig ist, und entspannen Sie sich dann, während Sie auf dieses Ziel hin leben. Falls Ihr GEIST unbedingt eine weitere Absicht formulieren will, können Sie es eine Vorliebe nennen, aber belassen Sie es bei einem einzigen Ziel pro Tag.

Kürzlich war es zum Beispiel mein Ziel, mit meiner Familie zu Abend zu essen und gemeinsam eine gute Zeit zu verbringen. Am liebsten wollte ich zu Hause essen, aber Hauptsache, wir waren alle zusammen, und das benannte ich als meine Priorität. Ich wusste bereits am Morgen: Egal wie die kommenden Stunden verliefen – wenn ich mit meiner Familie zu Abend essen würde, wäre mein GEIST am Ende des Tages zufrieden.

Dies war ein wichtiges Ziel meines GEISTES, weil meine Töchter inzwischen 18 und 19 Jahre alt sind und zumeist eigene Wege gehen. Ich sehe sie nur noch selten. Mein Mann nimmt abends Französisch- und Zeichenstunden und ist oft nicht da. Und ich selbst halte abends häufig Vorträge oder bin unterwegs. Familienabendessen sind daher sehr selten geworden; es ist nicht leicht zu arrangieren, dass alle Zeit haben, denn unsere individuellen Interessen konkurrieren stark damit.

Nachdem die Absicht meines GEISTES klar war, begann ich den Tag damit, jeden Einzelnen zu bitten, heute um 18 Uhr zum Abendessen da zu sein. Die Mädchen waren zunächst unwillig und stöhnten, sie hätten andere Pläne, aber ich sagte, es sei wichtig für meinen GEIST und ich wäre sehr glücklich, wenn sie zumindest für eine kurze Mahlzeit da wären. Nachdem ich so deutlich gemacht hatte, welche Bedeutung es für mich hatte, erklärten sich alle einverstanden und wir gingen unserer Wege.

Um 17.15 Uhr verdunkelte sich plötzlich der Himmel. Eine Sturmwarnung wurde ausgegeben: Ein Wirbelsturm drohte – zum ersten Mal, seit ich in Chicago lebte.

Ich griff sofort zum Telefon, um herauszufinden, wo meine drei steckten, weil ich mich vergewissern wollte, dass sie in Sicherheit und sich der Gefahr bewusst waren. Angesichts dieser unerwarteten Bedrohung erkannte ich jetzt in vollem Umfang, wie wichtig es für meinen GEIST an diesem Tag war, mit meiner Familie zusammen zu sein. Es gab nichts auf Erden, was mir jetzt hätte wichtiger sein können.

Innerhalb weniger Minuten klingelte dreimal das Telefon: Zuerst teilte mir Sabrina mit, sie sei in Sicherheit und ganz in der Nähe; dann rief Patrick mit der gleichen Nachricht an, und schließlich hörte ich zu meiner Erleichterung auch von Sonia, meiner Ältesten, mit ihr sei alles in Ordnung.

Nur zwanzig Minuten später saßen wir alle zusammen in der Küche und lauschten dem Unwetter, das über uns tobte. Während wir erleichtert aufatmeten, dankte ich noch einmal meinem GEIST, dass er dieses Zusammensein schon am Morgen erbeten hatte. Wegen unserer Verabredung waren alle in der Nähe gewesen und konnten schnell zusammenfinden.

Das ist die Schönheit, die in der Würdigung des GEISTES liegt: Er weiß, was das Ego nicht wissen kann. Hätte ich meinen GEIST nicht so geliebt, dass ich auf seine Priorität gehört und um ein gemeinsames Abendessen gebeten hätte – wer weiß, wo jeder von uns gewesen wäre, als das Unwetter losging? Gott sei Dank musste ich das nicht erfahren. Mein liebender GEIST ersparte uns allen die unnötige Angst und das Drama, in dieser Situation getrennt zu sein.

An jenem Abend verlor die Stadt Chicago Hunderte von Bäumen, auf wundersame Weise kam jedoch kein Mensch ums Leben. Trotz des schlechtesten Wetters seit Jahrzehnten war es das beste Abendessen, das ich mit meiner Familie je genossen habe. Wir waren zusammen und in Sicherheit und es gab nichts, was ich mir mehr hätte wünschen können.

Ihren GEIST zu würdigen und seinen Wünschen Priorität einzuräumen, ist nicht nur das Liebevollste, was Sie für sich selbst tun können, sondern auch der liebevollste Weg im Hinblick auf andere. Indem Sie jeden Tag die höchste Priorität Ihres GEISTES erkunden und zu Ihrem Ziel erklären, versichern Sie sich ihres höchsten Ausdrucks gegenüber sich selbst und anderen. Das setzt eine Kaskade positiver Energien in Bewegung, die alle spüren können, und lädt viel Synchronizität in Ihr Leben und in Ihre Beziehungen ein.

Beenden Sie den Tag, wie Sie ihn begonnen haben: mit Dankbarkeit. Mit welchem Ziel Sie auch angefangen haben – würdigen Sie zum Tagesausklang, wie perfekt sich alles entfaltet hat, und seien Sie dankbar für die Geschenke, die Ihnen dieser Tag beschert hat. Damit bekräftigen Sie, dass Sie Ihrem authentischen GEIST die Führung anvertrauen und nicht Ihrem Ego. Was auch immer geschah: Es war so, weil Ihr GEIST diese Erfahrung machen wollte. Die Ereignisse mögen sich anders entwickeln, als Sie (oder Ihr Ego) es geplant hatten, aber sie kommen immer so, wie es Ihr GEIST braucht – in Übereinstimmung mit dem göttlichen Plan. Dies zu akzeptieren ist ein riesiger Schritt in Richtung Selbstliebe.

Nehmen Sie wieder ein paar erdende Atemzüge – durch die Nase einatmen, durch den Mund ausatmen – und genießen Sie, wie gut sich das anfühlt. Achten Sie darauf, wie selbstliebend es ist, so tief einzuatmen und sich still zu zentrieren.

Halten Sie als Nächstes Rückschau auf den Tag, mit Blick auf die Geschenke, die er Ihnen gebracht hat. Was hat Ihr GEIST davon am meisten geliebt? Welcher Segen tauchte unerwartet auf? Wofür sind Sie dankbar?

Sie können den Tag im Stillen Revue passieren lassen oder Notizen in Ihrem Tagebuch machen. Noch besser finde ich es, die Geschenke Ihres Tages jemandem mitzuteilen, den Sie lieben und der Ihrem GEIST wertschätzend zuhört.

Direkt vor dem Schlafengehen erzähle ich meinem Mann von den Geschenken, die ich an diesem Tag erhalten habe, und ermutige ihn, dasselbe zu tun.

An jenem Abend mit dem Unwetter schaute ich vor dem Zubettgehen aus dem Fenster: In der ganzen Stadt waren hundert Jahre alte Bäume umgefallen, und ich war dankbar, dass der Trompetenbaum vor unserem Haus noch stand. Ich bemerkte, dass in vielen Häusern kein Licht brannte, dass Zäune beschädigt waren und die Feuerwehr Wasser aus den Kellern pumpte. Ich dankte dafür, dass unser altes viktorianisches Haus unbeschadet und trocken war. Ich stellte mir vor, wie viele Menschen ihre Lieben telefonisch nicht erreichen konnten, weil die Leitungen beschädigt waren. Ich genoss es, meine Familie um mich zu wissen. Es war ein guter Tag gewesen.

Wenn Sie den Tag mit Dankbarkeit beenden, schließen Sie ihn kraftvoll. Egal welche Absichten Ihr Ego verfolgt und welche Ergebnisse es erzielt – es ist doch nie zufrieden, es will immer mehr. Aber was Ihr GEIST sich wünscht, ist immer mehr als genug: vollkommener Frieden.

Das Gleichgewicht halten

Worum es geht: Das Gleichgewicht halten

Dieser Schritt lässt Sie aufmerksam werden für die energetischen Kosten eines Lebens in der Welt des Ego und leitet Sie an, Ihren Geist zu erfrischen, wenn Sie ausgepowert und erschöpft sind. Die Meditation in diesem Kapitel verbindet Sie noch stärker mit der schöpferischen Quelle: Diese Quelle schützt Sie vor der Negativität, die sich in der vom Ego regierten Welt breitgemacht hat. Durch Meditation können Sie sich mit dem endlosen Vorrat an Liebe und Hingabe verbinden, der im Universum für Sie bereitsteht.

Einer der wichtigsten und am meisten übersehenen Aspekte der Selbstliebe, den wir meines Erachtens zu unserem eigenen Wohl viel mehr beachten sollten, ist der energetische Preis, den uns unser Alltag kostet. Wir müssen unsere psychischen Ausgaben sorgfältig prüfen, damit wir uns entsprechend auftanken können. Sonst erschöpfen wir uns energetisch unbemerkt so sehr, dass wir anfällig werden für Negativität.

Seien wir ehrlich: Der Umgang mit anderen Menschen, Ereignissen und Dingen verlangt eine gewisse Menge an Energie von uns. Zum Glück füllen sie unsere Energie auch wieder auf. Als bewusst selbstliebende, spirituelle Wesen ist es unsere Aufgabe, unseren energetischen Kontostand immer im Blick zu behalten und unsere Ausgaben und Einnahmen anzupassen. Angesichts dessen, was das tägliche Leben von uns fordert, müssen wir uns häufig mit selbstliebenden Entscheidungen und Verhaltensweisen erfrischen, um unseren GEIST leicht und kraftvoll zu halten.

Zum Beispiel ist es zurzeit eine meiner Prioritäten, durch die Welt zu reisen und meine Erkenntnisse und Instrumente für höheres Bewusstsein und intuitives Erwachen mit anderen zu teilen. Ich tue dies zum größten Teil, indem ich Workshops und Einzelsitzungen gebe. Ich liebe diese Arbeit: das Reisen, das Lehren, die Begegnungen und das Weitergeben der Werkzeuge, die ich für ein vom GEIST erfülltes Leben zur Verfügung habe.

Sosehr all das wahr ist, strengt mich diese Arbeit doch energetisch an. Das Reisen, die Gruppen und die ganzen Gespräche nehmen mich energetisch mit – ganz zu schweigen vom Stress, in lauten Hotelzimmern zu schlafen, immer in Restaurants zu essen und mich ständig in einer neuen Umgebung zurechtfinden zu müssen. Am Ende dieser Reisen bin ich zugleich begeistert und energetisch ausgelaugt.

Um diesen Situationen etwas entgegenzusetzen, habe ich auf meinen Reisen etlichen persönlichen Krimskrams bei mir, der mir zur Erholung verhilft. Dazu gehören mein iPod, lärmabsorbierende Kopfhörer, mein Kissen und meine Decke, ein Fläschchen Rescue Remedy, kleine Duftkerzen, Schokolade, mein Computer und ein guter Roman.

Diese Dinge unterstützen meinen GEIST und helfen mir, im Gleichgewicht zu bleiben. Allein das Wissen, sie am Ende eines Tages zur Verfügung zu haben, hilft mir, geerdet und friedvoll zu bleiben. Und noch etwas beachte ich auf Reisen: Ich halte mich zurück mit sozialen Kontakten. Ich bleibe zurückgezogen und still und ruhe mich möglichst viel aus. Das gibt meinem GEIST den nötigen Frieden, damit er sich erholen kann.

Und nicht nur ich erlebe diese Art energetischer Überbeanspruchung. Ich habe schon mit Hunderten von Menschen darüber gesprochen. Häufig erhalte ich Mails oder Anrufe von Teilnehmern meiner Seminare, die mir erzählen, sie seien nach der Hochstimmung, die sie während des Workshops erlebt hatten, zu Hause innerhalb kurzer Zeit zusammengeklappt. Das heißt nicht, dass sie nicht kapiert hätten, worum es im Seminar ging. Es geschieht, weil die Erfahrung, etwas Neues zu lernen – und sei es noch so positiv –, energetisch anstrengend sein kann. Manchmal erfordert es so viel Aufmerksamkeit, dass es die grundlegende Vitalität eines Menschen angreifen kann.

Das tägliche Leben – vor allem Situationen, die Veränderung bedeuten, auch wenn sie positiv sind – kann uns energetisch erschöpfen; deshalb müssen wir darauf achten, unsere Energie wieder aufzufüllen, wenn wir wirklich selbstliebend sein wollen.

Ausruhen – das ist einer der besten und natürlichsten Wege, um nach einer energetischen Anstrengung unsere Vitalität wiederzubeleben. Wenn ich ein Seminar gebe (oder an einem Kurs teilnehme), versuche ich immer, in der Mittagspause ein Nickerchen oder eine meditative Ruhezeit einzulegen. Das nährt meine Energie und belebt meinen GEIST. Es ist ein wichtiger Akt der Selbstliebe und hilft mir, im Gleichgewicht zu bleiben.

Wir können uns auch bei einer Tätigkeit erholen, die uns Freude bereitet, zum Beispiel einen Film anschauen, eine Weile mit einer Freundin telefonieren, ein heißes Bad nehmen oder in einem guten Restaurant (mit freundlichem Personal und schmackhaften Speisen) essen. Es gibt unzählige Wege, den GEIST zu erfrischen und zu lieben.

Aufmerksam zu sein für den Preis, den das Leben Ihnen abverlangt, und sich liebevoll zu erlauben, diese Anforderungen auszugleichen, ist ein vitaler Ausdruck von Selbstliebe. Wenn Sie sich der energetischen Kosten Ihres Alltags nicht bewusst sind, gönnen Sie Ihrem GEIST vielleicht nicht genug Erholung – was zu Groll, Depression und Erschöpfung führen kann. Ich glaube sogar, dies ist eine der wesentlichen Ursachen für Krankheiten wie chronische Erschöpfung, Fibromyalgie und das Epstein-Barr-Syndrom. Besonders in der westlichen Kultur, wo wir jeden Tag getrieben werden, unsere Grenzen zu überschreiten, wird der GEIST oft überfordert und hat nicht genug Zeit für Erholung.

Wir müssen es nicht erst zu einer Krise kommen lassen, damit wir uns eine Pause gönnen können. Auch alltägliche Interaktionen sind zuweilen für den GEIST sehr anstrengend, vor allem wenn sie emotional aufgeladen sind.

Eine liebe Freundin von mir kümmert sich um ihre alten Eltern. Sie steht beiden sehr nahe und besucht sie mindestens zweimal pro Woche. Weil sie insgesamt schon sehr langsam sind, erledigt sie auch alle Einkäufe für sie, kümmert sich um ihre Finanzen und ermuntert sie, sich zu bewegen und mal aus dem Haus zu kommen. Sie freut sich, dass sie all dies für ihre Eltern tun kann, und ist dankbar, dass sie noch bei guter Gesundheit sind. Doch die beiden Senioren sind manchmal auch etwas mürrisch und altersbedingt starrsinnig, sowohl im Umgang miteinander als auch mit ihr. Das Zusammensein mit ihnen gestaltet sich also manchmal als sehr schwierig.

Meine Freundin schätzt diese Zeit mit ihren Eltern, doch wenn sie nach Hause kommt, fühlt sie sich oft müde und ausgelaugt. Es liegt nicht daran, dass sie ihren Eltern nicht helfen wollte. Doch wenn sie die beiden besucht, tut sie alles, was sie kann, um aufmerksam, geduldig und liebevoll zu sein, egal wie sich ihre Eltern verhalten. Und das kostet Energie.

Bevor sie erkannte, wie sehr diese Situationen ihren GEIST fordern, geriet sie nach ihrer Rückkehr häufig mit ihrem Mann oder ihren Söhnen in Streit, reagierte empfindlich und war ungeduldig. Sie schämte sich für ihr Verhalten, weil sie merkte, dass sie die gute Schwingung, die sie so gerne erzeugen wollte, nicht halten konnte. So schimpfte sie dann auch voller Selbstkritik gegen ihren GEIST.

In unserem Gespräch über diese häufigen Stresssituationen wies ich sie darauf hin, dass sie sich nicht genug Zeit zur Erholung gönnte und deswegen so empfindlich war, wenn sie nach Hause kam. Nach den Besuchen bei ihren Eltern war ihr GEIST immer völlig ausgelaugt; sie brauchte etwas Ruhe und Erholung, um wieder ins Gleichgewicht zu kommen. Wenn sie dies beachtete, würde sie nicht mehr an ihrer Familie herumnörgeln und könnte die Teufelskreise der Schuldgefühle und Erschöpfung vermeiden.

Ich erinnerte sie, es sei zwar wundervoll, dass sie all das für ihre Eltern tat, aber eben auch anstrengend: Deshalb brauche sie danach etwas Zeit für sich selbst. Ich schlug ihr auch vor, die anderen Familienmitglieder um etwas nährende Unterstützung zu bitten, vielleicht in Form einer Fußmassage oder eines ungestörten Schaumbades. Zuerst hielt sie diese Vorschläge für überflüssig und luxuriös – wie das Ego eben solche Dinge oft bewertet. Diese Art von Empfindsamkeit passte nicht zu ihrem Selbstbild. Doch infolge etlicher weiterer Auseinandersetzungen über Kleinigkeiten nach ihren Elternbesuchen beschloss sie, es einfach mal zu probieren.

Sie wurde sensibel für ihren GEIST: Sie bat ihre Familie, an den Besuchstagen bei ihren Eltern abends auswärts zu essen. So kam meine Freundin in ein stilles Haus zurück, nahm ein heißes Bad und ging früh schlafen. Die Erschöpfung und die Auseinandersetzungen nahmen ein Ende.

Die Fürsorge für ihre Eltern wurde allmählich zu der liebevollen Erfahrung, die sie sich gewünscht hatte, und ihre Familie freute sich, sie dabei zu unterstützen, indem sie ihr die Möglichkeit gab, danach eine Weile allein zu sein. Sie entdeckte die Kraft der Erholung und fühlte sich nicht mehr schuldig, sie zu brauchen. Die Ergebnisse waren einfach zu positiv. Ihr GEIST war dankbar und ihre Lebenssituation verbesserte sich.

Um Ihren GEIST im Gleichgewicht zu halten, ist es wesentlich, sich jeden Tag der Notwendigkeit von Ruhe und Erholung bewusst zu sein und es nicht mit einer Haltung wie »Wenn es denn sein muss« als nötiges Übel aufzufassen. Planen Sie Zeit für Muße ein, als Teil Ihrer Selbstliebe, und freuen Sie sich darauf. Es ist gut für Ihren GEIST und gut für andere. Wenn Sie Ihren GEIST lieben und leben, werden die anderen auch erkennen, wie wichtig das ist.

Vor ein paar Tagen kam meine Tochter abends von ihrem vierten, ihrer Aussage nach höchst erfolgreichen Rendezvous in vier Tagen zurück, doch als sie vom Motorrad des begehrten jungen Mannes stieg, holte sie sich am Auspuff eine ziemliche Verbrennung an der nackten Wade. (Ja, sie saß auf einem Motorrad; und nein, ich war nicht begeistert, aber das ist eine andere Geschichte.) Die Wunde war ziemlich groß und verlangte eine Menge Fürsorge, damit sie sich nicht entzündete. Aus energetischer Perspektive war es nicht erstaunlich, dass ihr dieses Missgeschick bei ihrer Annäherung an den jungen Mann eine kleine Verschnaufpause verschaffte. Ihre Wunde brachte ihr auch eine Menge Liebe und Aufmerksamkeit von ihrer närrisch fürsorglichen Familie ein und gab ihr einen guten Grund, zukünftige Verabredungen mit diesem jungen Mann etwas geruhsamer angehen zu lassen.

Die Verbrennung bildete ein Gegengewicht zu der »heißen

Verabredung« und half ihr, wieder zu sich zu kommen. Natürlich geschah das auf einer unbewussten Ebene, doch der GEIST ist erfindungsreich darin, für sich zu sorgen. Ich meine nicht, dass es ein bewusster Akt der Selbstliebe war, sich am Bein zu verbrennen. Aber im Hintergrund des Unfalls gab es sicherlich das Bedürfnis ihres GEISTES, sich von dem enormen Energieeinsatz zu erholen, den sie innerhalb kurzer Zeit in diesen neuen Kontakt investiert hatte, und der Zwischenfall gab ihr Gelegenheit dazu. Es tat zwar weh, aber die Wunde half ihr, ihre Energie wieder ins Gleichgewicht zu bringen. Die beiden trafen sich nicht mehr ganz so häufig und nahmen dann eher ein geborgtes Auto als das Motorrad. Dieses langsamere Tempo war für meine Tochter offensichtlich angenehmer, wie ihr Verhalten deutlich zeigte.

Ich weiß, es ist vielen Menschen fremd, ihr Leben aus einer energetischen Perspektive zu betrachten, aber wenn Sie innehalten und Ihre Lebenserfahrungen aus objektiver Sicht betrachten, bin ich sicher, dass auch Sie einige Ereignisse bemerken, in denen Sie überfordert waren und Ihr GEIST unbewusst versucht hat, Ihre Energie wieder auszugleichen. Das kann sich in zufällig wirkenden Situationen zeigen: Sie erwischen eine Erkältung und müssen ein paar Tage das Bett hüten, nachdem Sie das ganze Wochenende einem Freund beim Umzug geholfen haben ... Am Ende einer Hundert-Stunden-Arbeitswoche haben Sie sich einen Nerv im Rücken eingeklemmt ... Nach einer Phase intensiver Arbeit fangen Sie plötzlich hemmungslos an, shoppen zu gehen – wie es mir einmal passiert ist.

Was ich damit sagen will: Die Seele versucht, die Energie des GEISTES in irgendeiner Weise aufzufrischen. Statt abzuwarten, bis es zu einer Krise kommt, die dramatische Aktionen Ihres GEISTES erfordert, ist es sehr viel selbstbewusster und selbstliebender, wenn Sie sich die Freiheit und die Erlaubnis geben, sich bewusst zu erholen, und es von vornherein einplanen. Dann entsteht kein Schmerz, und die Selbstliebe bleibt erhalten.

Die Praxis: Meditation

Wenn Sie mitten in einer heißen, trockenen Wüste wären und großen Durst hätten, würden Sie zögern, in einer Oase anzuhalten, um zu trinken? Natürlich nicht! Sie würden vielleicht sogar erwägen, in der Nähe dieser Oase zu bleiben, um jeden Tag trinken zu können. Ich würde das jedenfalls tun.

Nun, so wirkt Meditation auf den GEIST: wie ein kühler, erfrischender Trank aus der Quelle des Lebens, überall und jederzeit verfügbar, wenn wir bereit sind, unsere Aufmerksamkeit von der sengenden Intensität des menschlichen Ego-Zustands abzuwenden. Meditation ist Erfrischung, Erholung und Auftanken für den GEIST – und zugleich Freizeit für das Ego und den Körper. Beim Meditieren nimmt Ihr GEIST Kontakt mit Gott auf, mit Ihrem Schöpfer, der Quelle der Erfüllung all Ihrer Bedürfnisse.

Die Schönheit der Meditation beruht auch darauf, dass es nicht nur *einen* richtigen Weg dazu gibt. Finden Sie einfach Ihren Weg. Der Ego-Geist entmutigt Sie vielleicht, indem er Sie glauben macht, Meditation sei eine nahezu unmögliche Leistung vereinzelter Yogis – und nur richtig, wenn Ihr Gehirn dabei so still wird, dass Sie beinahe bewusstlos sind.

Wie attraktiv ist so was? Nicht besonders. Deswegen funktioniert diese Strategie so gut, uns von der Meditation abzuhalten. Ihr GEIST weiß es jedoch besser.

Meditation ist einfach ein Spaziergang mit Gott. Sie treten mithilfe Ihrer Vorstellungskraft ein, und sobald Sie da sind, können Sie das Göttliche überallhin begleiten. Sie können mit Gott bei Sonnenaufgang einen unberührten, weißen Strand entlangspazieren … oder durch einen grünen, üppigen Wald gehen und auf eine verzauberte Lichtung treten … oder von einem Berggipfel aus ins Tal schauen … oder zu fernen Sternen reisen. Sie können Gott aber auch einfach einladen, sich mit Ihnen am Kamin zu unterhalten, wenn Sie gerade nicht so weit wandern mögen.

Während Sie so mit Gott gehen, stellen Sie sich vor, Sie sprechen mit ihm. Erzählen Sie Ihrem Schöpfer alles, was Sie auf dem Herzen haben. Entlasten Sie sich von allem; Gott weiß ohnehin alles, Sie brauchen also nichts zu verbergen. Lassen Sie sich dabei Zeit. Atmen Sie sanft ein und aus, während Sie ihm Ihre Sorgen anvertrauen, und genießen Sie die Wanderung. Wenn Sie Ihr Herz ganz ausgeschüttet haben und keine Worte mehr kommen, gehen Sie in Stille weiter mit Gott. Oder schauen Sie einfach mit Gott zusammen ins Feuer, während Sie am Kamin sitzen. Genießen Sie die Stille, die Nähe und Verbindung zu Gott. Stellen Sie sich vor, wie Gott Sie umarmt.

Möglicherweise durchbricht Gott die Stille und gibt Ihnen während Ihres meditativen Spaziergangs einen Rat. Wenn nicht, umhüllt er sie dennoch mit seiner Liebe. Seien Sie einverstanden mit allem, was sich zeigt. Freuen Sie sich einfach daran, in Gottes liebevoller Schwingung und heilsamer Präsenz zu sein.

Gehen Sie, solange Sie mögen, und wenn Ihr GEIST mit Gottes Gegenwart erfüllt ist, kehren Sie mit Gott an die Tür Ihrer Vorstellungskraft zurück. Danken Sie Ihrem Schöpfer für seine Präsenz und Liebe und treten Sie zurück durch die Tür in die Gegenwart.

Das war's. Sie haben meditiert. Sehen Sie, es ist ganz einfach.

An manchen Tagen werden Sie länger mit Gott gehen, an anderen kürzer. Nehmen Sie sich jedoch jeden Tag etwas Zeit,

Gott zu begegnen oder mit ihm zu gehen, denn das erfrischt Ihren GEIST. Wenn Sie jeden Tag an die Tür Ihrer Imagination treten, um zu meditieren, und erst recht, wenn Sie es immer um die gleiche Uhrzeit tun, wird Gott Sie schon dort erwarten und Sie mit offenen, liebevollen Armen empfangen, sobald Sie über die Schwelle treten.

Hegen Sie diese Zeit in Gottes Gegenwart wie ein kostbares Gut. Schützen Sie sie und lassen Sie nicht zu, dass Ihr Ego Ihnen mit fadenscheinigen Begründungen diese Zeit stiehlt, indem es Ihren Terminkalender füllt, anderen Dingen Priorität einräumt oder sich vom Computer oder Telefon ablenken lässt. Sich diese Zeit mit Gott nehmen zu lassen wäre gerade so, als ließen Sie sich von einem Schurken weg von der Oase mitten in die Wüste locken, in der es nichts gibt, was Sie am Leben erhält.

Wenn Sie immer noch unsicher sind, was die Meditation betrifft, und sich sorgen, ob Sie es richtig machen, können Sie Ihr Ego beruhigen, indem Sie sich langsam heranschleichen: Machen Sie zunächst nur einen kurzen Gang mit Gott um den Block oder durch Ihre Nachbarschaft. Sobald Sie sich wohler damit fühlen, können Sie die Gemeinschaft mit Gott weiter ausbauen. Denken Sie daran, es einfach zu halten. Es geht darum, sich mit Ihrer Quelle zu verbinden, um sich in der trockenen Wüste der Ego-Sorgen an der Quelle göttlicher Liebe zu laben.

Das Herz der Sache

Worum es geht: Das Herz der Sache

Hier, in der Mitte des Buches, sozusagen in seinem Herzen, machen wir mit den Lektionen und Praktiken der Selbstliebe und des authentischen Lebens im GEIST eine Pause und konzentrieren uns darauf, wie wir das Herz mit einbeziehen können. Wir betrachten die Liebe in vier grundlegenden Ausdrucksweisen des wahren GEISTES, die den vier Kammern des Herzens entsprechen: das offene Herz, das klare Herz, das weise Herz und das mutige Herz. In diesem Abschnitt erfahren Sie, wie Sie alles aus dem Weg räumen können, was Sie davon abhält, die tiefste Liebe zu Ihrem göttlichen GEIST zu erfahren und dadurch inneren Frieden zu finden.

☉ *Das offene Herz*

Um sich selbst und Ihren GEIST zu lieben, muss Ihr Herz offen sein. Mit offenem Herzen sind Sie empfänglich für die Liebe und Güte Gottes und des Lebens: Sie sehen und fühlen das Positive in der Welt und ziehen es an. Sie verbinden sich eher mit dem GEIST des Lebens als mit seinem Drama.

Sie können Liebe irgendeiner Art – sei es für sich selbst oder für andere – nur mit offenem Herzen empfinden. Als göttliches Wesen sind Sie – genau wie alle anderen – mit dem offenen Herzen des entzückenden Kindes geboren worden, das nichts weiß von Verteidigung und Abgrenzung. Das Herz erwartet, dass das Leben eine positive, wundervolle Erfahrung ist.

Das offene Herz sieht dem Leben entgegen. Es freut sich über die Erfahrungen und genießt die Wunder und Geschenke, die mit dem Lebendigsein einhergehen. Dieses Herz riecht den Duft der Blumen des Lebens, trinkt aus seinem Milchbecher und spielt auf seiner Wiese. Das offene Herz sieht, fühlt und absorbiert die Schönheit der Welt.

Mit verschlossenem Herzen schneiden Sie sich dagegen von allem Guten im Leben ab. In diesem Zustand sind Sie nicht in der Lage, sich mit Ihrem GEIST zu verbinden, und können weder Schönheit noch Musik, weder Lachen noch Liebe genießen. Wenn Ihr Herz verschlossen ist, können Sie die Süße des Lebens nicht spüren. Stattdessen isolieren Sie sich in Ihrem Ego.

Eine Freundin von mir beschrieb es einmal so: Ein geschlossenes Herz zu haben sei gerade so, als betrachte man die fantastische Schönheit des Lebens durch ein Schaufenster: Man kann sie sehen, aber nicht berühren oder erfahren. Man ist ausgeschlossen.

Wie bereits gesagt, haben wir am Anfang unseres Lebens alle ein offenes Herz, eine direkte Verbindung zur Quelle, zum heiligen Vater/Mutter-Gott. Leider erleben wir dann schon bald die Verwirrung des menschlichen Ego – zum Beispiel in Form von Ärger, Urteilen und Ablehnung –, die dazu führt, dass wir uns von unserem GEIST trennen und unser Herz verschließen. Dies erzeugt Schmerz, Enttäuschung und Verletztheit – was wiederum im Ego Panik auslöst und uns unser Herz noch fester schließen lässt. So landen wir in einem Teufelskreis des Leidens.

Aus Sicht des Ego gibt es immer Hunderte von Gründen, um das Herz zu verschließen. Sobald Sie das tun, trennen Sie sich jedoch von Ihrer Quelle, der göttlichen Liebe. Ihr Herz zu schließen – aus welchem Grund auch immer – ist, als würden Sie im Garten eine Blume pflücken und sie in eine Schublade legen. Gleichgültig, wie Ihr Ego das begründet: Sie versagen sich damit alle Liebe Gottes, des Lebens und der anderen, obwohl Sie diese Liebe brauchen, um zu wachsen. Letztlich verurteilen Sie Ihren GEIST damit zu einem langsamen Tod.

Deshalb gehört das Offenhalten Ihres Herzens zu den wichtigsten – vielleicht auch herausforderndsten – Entscheidungen, die Sie aus Liebe zu sich selbst und zu Ihrem GEIST zu treffen haben. Sie müssen Ihr Herz offen halten, um mit allem, was Ihren GEIST nährt und unterstützt, in einer nahen und empfänglichen Verbindung zu bleiben, egal welche Enttäuschungen Sie durchleben. Nur mit einem offenen Herzen können Sie sicher sein, dass die Geschenke des Lebens Ihnen weiter zufließen. Nur ein offenes Herz nährt Ihre Seele.

Um diesen Seinszustand aufrechtzuerhalten, müssen Sie nur eine einfache Entscheidung treffen: Erwarten Sie Gutes! Damit nehmen Sie Ihr Geburtsrecht als geliebtes Kind Gottes in Anspruch, in allen Lebenslagen aufs Beste versorgt und genährt zu werden. Erwarten Sie Gutes, dann wird es Ihnen auch zuteil werden. Das ist der natürliche göttliche Plan.

Mein Bruder Anthony hat im Leben durchaus seinen Anteil an Leiden und Problemen abbekommen. Manches war sehr schmerzhaft für ihn, doch er hat sich ein offenes Herz bewahrt und erwartet immer Gutes.

Eines Tages saß er mit seiner Freundin um die Mittagszeit vor seinem Haus, als seine Freundin vorschlug, ob sie sich nicht zusammen etwas vom örtlichen Hamburger-Imbiss holen wollten, denn sie sei hungrig.

Mein Bruder merkte, dass er darauf überhaupt keine Lust hatte. »Ich bin nicht in der Stimmung für einen Hamburger«, sagte er. »Ich hätte viel mehr Lust auf etwas wirklich Leckeres, etwas gut Gewürztes, Aromatisches.«

Kaum hatte er den Mund zugemacht, sahen sie beide einen jungen Mann, der in Kochjacke und Kochmütze die Straße entlangkam und ein zugedecktes Tablett vor sich her trug. Mein Bruder fragte schmunzelnd, was er denn da habe.

Der junge Mann lächelte zurück und erklärte, er sei ein Schüler an der hiesigen Kochschule, die vor Kurzem eröffnet worden war. Das Gericht auf dem Tablett hatte er gerade neu erfunden.

Mein grundsätzlich neugieriger (und hungriger) Bruder hakte nach: »Und was für ein Gericht ist es?«

»Garnelen mit Safran-Reis«, erklärte der junge Mann, »sehr stark gewürzt und sehr aromatisch.«

Ohne lange zu überlegen, fragte mein Bruder: »Können wir es probieren?«

»Aber sicher«, erwiderte der junge Mann überrascht, aber offensichtlich erfreut über das Interesse. Er überreichte das Tablett und fragte: »Wäre es Ihnen recht, wenn ich dabeibliebe, um zu sehen, ob es Ihnen schmeckt?«

»Aber klar«, erwiderten beide lachend. »Kommen Sie rein!«

Der Mann folgte ihnen in die Küche und servierte daraufhin das Essen gerade so, als säßen sie in einem guten Restaurant. So genossen die beiden nicht nur eine vorzügliche Mahlzeit, sondern nahmen sie auch noch stilvoll zu sich.

Mein Bruder lachte, als er mir die Geschichte erzählte, und freute sich über sein Glück und die überraschende Synchronizität des Universums. Im Stillen dachte ich mir jedoch, dass er bestimmt nur deshalb in diesen Genuss gekommen war, weil sein Herz offen genug war, den jungen Mann zu begrüßen und ihn zu fragen, was er denn da habe.

So funktioniert das. Wenn Ihr Herz offen ist und Sie mit dem Besten rechnen, kommt Ihnen das Universum entgegen und erfüllt Ihr Leben mit den wundervollsten Überraschungen.

Selbst während der dunkelsten Nächte der Seele gilt: Ihr Herz offen zu halten und davon auszugehen, dass aus all den Schwierigkeiten etwas Gutes hervorgehen wird – das ist die beste selbstliebende und selbstheilende Entscheidung, die Sie treffen können.

Vor vielen Jahren hatte ich eine aufsässige, drogenabhängige Jugendliche als Klientin. Als sie siebzehn war, kam ihre gesamte Familie in einem Feuer um. Plötzlich war sie allein, ohne Zuhause und emotional vollkommen am Boden zerstört. Es dauerte eine Weile, bis sie emotional einigermaßen wieder lebenstüchtig wurde, aber sie erkannte dann, dass sie die Wahl hatte: Entweder konnte sie weiterhin in Selbstmitleid und Schmerz versinken und auf der Abwärtsspirale hinabgleiten, oder sie könnte alles in Ehren halten, was ihre Familie sie bis dahin gelehrt hatte, und an dieser schrecklichen Erfahrung wachsen. Obwohl sie natürlich niemandem so einen furchtbaren Verlust wünschen würde, half er ihr doch auf höchst schmerzhafte Weise, stärker zu werden.

Diese Erkenntnis bewirkte, dass sie sich von einem egozentrischen, richtungslosen, suchtkranken Teenager zu einer ernsthaften, hart arbeitenden Schülerin entwickelte, die sich eine Aufgabe gestellt hatte. Sie verabschiedete sich von allen Drogen, suchte sich eine Nebenbeschäftigung und lernte viel. Sie wollte all das, was sie von ihrer Familie erhalten hatte, ehren, indem sie mit ihrem Leben etwas Nützliches tat. Sie absolvierte ihren Highschool-Abschluss, ging direkt aufs College, machte weiter in ihrem Job und arbeitete noch ehrenamtlich im Beratungszentrum für Studenten in Schwierigkeiten. Vor dem Feuer war ihr Herz verschlossen gewesen; sie hatte sich um nichts gekümmert als ihr eigenes Vergnügen. Jetzt hatte sie ihr Herz geöffnet und fühlte sich berufen, anderen zu helfen, die unter irgendetwas litten. Trotzdem dauerte es natürlich, bis sie den Verlust verarbeiten konnte; sie hatte immer wieder schwere Zeiten.

Als ich das letzte Mal mit ihr sprach, fragte ich sie, wie sie es geschafft habe, so einen schrecklichen Verlust zu bewältigen. Ihre Antwort war einfach: »Ich musste daran glauben, dass aus meinem Verlust auch etwas Gutes kommen könnte, und mein Herz dafür offen halten. Sonst wäre ich vor Kummer dahingesiecht. Für andere da zu sein ist gut für mich. Jetzt weiß ich das Leben zu schätzen und will es nie wieder vergeuden.«

Es ist eine Herausforderung, das Herz offen zu halten, wenn einen das Leben mit schmerzhaften Erfahrungen konfrontiert, aber es in solchen Situationen zu schließen, ist noch viel schmerzhafter. Es bedeutet, dass Sie sich vom Leben abschneiden. Es führt zu spirituellem Sterben und Selbstzerstörung und ist eine der leidvollsten Entscheidungen, die Sie treffen können.

Meine Klientin Robyn hatte ihr Herz durch schwere Kindheitserfahrungen verschlossen. Sie war das vierte Kind von sieben, und als sie vierzehn Jahre alt war, erkrankte ihre Mutter an Brustkrebs und starb elf Monate später. Ihr Vater war vom Tod seiner Frau und den Bedürfnissen seiner Kinderschar so erschüttert, dass er zu trinken anfing und tyrannisch und gewalttätig wurde. Das war für Robyn endgültig unerträglich.

Zutiefst verletzt zog sie mit sechzehn von zu Hause aus, verließ die Schule und begann, als Kellnerin zu jobben. Robyn beschloss, dass sie nie wieder jemand so verletzen sollte, und verschloss ihr Herz. Sie arbeitete hart und wurde an ihrer Arbeitsstelle geschätzt, aber sie hatte keine Freunde und kaum andere Ventile für ihre Zuneigung als ihre Hündin Foxy.

Obwohl ihre Geschwister immer wieder versuchten, mit ihr Kontakt aufzunehmen, ging sie nicht darauf ein. Als sie 25 war, hatten alle im Wesentlichen aufgegeben. Robyn wurde immer einsamer und wütender, aber sie weigerte sich, ihr Herz zu öffnen und irgendeine Form von Liebe hineinzulassen.

Als ich sie kennenlernte, war sie 34 Jahre alt. Sie hatte im Radio von meiner Arbeit gehört und kam, weil sie wissen wollte, ob ihr Leben je besser würde. Ich erklärte ihr, ihr Herz sei durch das Trauma in ihrer Kindheit verschlossen und sie bliebe vom Leben mit all seinen guten Dingen abgeschnitten, sofern sie es nicht wieder öffnete.

Sie gab zu, ihr Herz verschlossen zu haben, wollte sich allerdings auf keinen Fall darauf einlassen, es wieder zu öffnen. Sie fühlte sich zwar einsam und sehnte sich nach einem besseren Leben, aber sie war nicht bereit, das Risiko einzugehen, wieder verletzt oder enttäuscht zu werden. Ich sagte ihr, dass die Liebe sie suche, und sie gestand, an ihrer Arbeitsstelle gebe es tatsächlich einen Mann, der sie schon mehrfach gebeten habe, mit ihm auszugehen – was sie immer abgelehnt hatte. Ich ermutigte sie, es noch einmal zu überdenken.

Endlich ging Robyn mit dem Kollegen aus, und sie begannen eine Beziehung. Er verliebte sich in sie und wollte sie heiraten, aber aus Angst, verletzt zu werden, lehnte sie ab. Es war ihr zu riskant, sich so tief auf ihn einzulassen.

Er warb zwei Jahre lang um sie, doch ohne Erfolg – sie wollte ihr Herz nicht öffnen. Schließlich gab er auf und suchte sich eine andere Frau. Das letzte Mal, als ich sie sah, war sie zutiefst verletzt und wütend und sagte, sie habe es ja gleich gewusst, dass sie ihm nicht trauen konnte.

Das machte mich traurig. Ihr verschlossenes Herz hatte dafür gesorgt, dass sie sich eine Chance entgehen ließ, Liebe zu erfahren. Ich sah Robyn danach nicht wieder; manchmal denke ich an sie. Ich wünschte, ich könnte jetzt schreiben, ich sei sicher, dass es ihr gut geht. Ich bete für sie, eines Tages möge etwas ihr Herz öffnen. Ohne ein offenes Herz kann sich das Leben nicht wirklich verbessern. Mit einem offenen Herzen wird es immer besser.

Grundsätzlich kann man sagen, dass das offene Herz zum göttlichen Kind gehört. Es ist das Herz Ihres GEISTES, und es vertraut darauf, dass das Universum Sie liebt, für Sie sorgt, Sie schützt und nährt, während Sie wachsen. Dieses Herz entspannt sich und genießt das Leben.

Das offene Herz ist das Tor zum Himmel, durch das Ihr GEIST in Ihren Körper kommt. Es ist das kraftvollste Zentrum, das Sie haben. Um sich selbst zu lieben und Ihren GEIST zu leben, brauchen Sie ein Herz, das offen ist für die Geschenke des Universums. Erwarten Sie Gutes vom Leben, selbst wenn die Schwierigkeiten überwältigend erscheinen. Gott hat einen Plan; immer wartet etwas Gutes auf Sie – doch denken Sie daran: Sie können es nur empfangen, wenn Ihr Herz offen ist.

Ich habe einmal gelesen: »Am Ende wird alles gut. Wenn es noch nicht gut geht, dann ist es noch nicht das Ende.« Halten Sie also bis zum Ende Ihr Herz offen und erwarten Sie Gutes!

⊚ Das klare Herz

Außer einem offenen Herzen gehört auch das klare Herz zu den wichtigen Aspekten der Selbstliebe. Wenn das offene Herz dem göttlichen inneren Kind entspricht, steht das klare Herz in Beziehung zum göttlichen inneren Erwachsenen.

Ein klares Herz zu haben bedeutet, die Verwirrung und den Nebel des Dramas und des Selbstmitleids hinter sich zu lassen und das Leben unvoreingenommen zu betrachten. Ein klares Herz erlaubt Ihnen, sich auf das Leben mit Objektivität und Vernunft einzulassen. Wenn Ihr Herz klar ist, nehmen Sie das Leben nicht persönlich. Ist es nicht klar, kann es sehr schwer sein, sich selbst zu lieben, weil man zu beschäftigt ist, sich von anderen ausnutzen und zum Opfer machen zu lassen … und darunter leidet.

Mein Klient Ted kam in einem völlig verzweifelten Zustand zu mir. Seine Frau, mit der er seit zehn Jahren verheiratet ist, hatte sich vor Kurzem einer operativen Magenverkleinerung unterzogen und in der Folge 60 Kilo abgenommen. Doch statt sich besser zu fühlen, begann sie, ihre Fresssucht in andere Bereiche zu verlagern: Sie fing an, zu trinken und Drogen zu nehmen. Aus der zwar fettleibigen, aber immerhin zuverlässigen Ehefrau und Mutter zweier Kinder war eine exzessive Partygängerin geworden, die oft kaum noch den Weg nach Hause fand, weil sie so hinüber war.

Ted war außer sich vor Wut und fühlte sich betrogen. »Ich habe sie bei der Operation unterstützt, ich habe mich um die Kinder gekümmert, damit sie sich davon erholen konnte, ich war ihr ein guter Ehemann. Wie kann sie uns das antun? Wie kann sie das den Kindern antun? Und mir?«

Sein Leben lag in Scherben, und sein Leiden war spürbar, aber es lag daran, dass sein Herz nicht klar war. Er nahm ihr Verhalten persönlich, er interpretierte es als Ablehnung seiner selbst oder als sein Versagen als Ehemann. Wenn er nur gut genug wäre, würde sie ihn doch so lieben, dass sie ihr selbstzerstörerisches Verhalten aufgeben würde, oder? Falsch.

Was Ted mit seinem verwirrten, vernebelten Herzen nicht begriff: Seine Frau war auch schon vor der Operation süchtig und hatte die Kontrolle über sich verloren; ihr Verhalten hatte nichts mit ihm zu tun. Solange er das nicht sah, wurde die Situation nur noch schlimmer. Solange sein Herz nicht klar war, konnte er sich selbst nicht lieben, und schon gar nicht seine Kinder und seine Frau. Ihre Kämpfe hatten letztlich nichts mit ihm zu tun – deshalb konnte er sie auch nicht beenden.

Zum Glück trieben ihre Auseinandersetzungen ihn dazu, eine Therapie anzufangen, bei der er sein Herz allmählich klären konnte. Eines Tages sagte er zu mir: »Ich habe mich so lange dagegen gewehrt, mir im Herzen über die Probleme meiner Frau klar zu werden. Irgendwie hat es mir eine kranke Art von Befriedigung verschafft, zu glauben, ihre Probleme hätten mit mir zu tun. Wie kommt so etwas?«

Nun, ich weiß, wie so etwas zustande kommen kann. Ich habe das Gleiche schon selbst getan: zum Beispiel als ich mir die Schuld an der Untreue eines Exfreundes gab, obwohl er auch seine früheren Freundinnen schon betrogen hatte. Ich habe es getan, als ich dachte, ich könnte meinen Mann mit wenig durchdachten Ratschlägen zu seiner beruflichen Karriere beglücken, und dann ungeduldig und frustriert war, weil er meine »guten Ideen« nicht umsetzte. Ich habe es auch getan, als ich übereifrig für meine Tochter das richtige College finden wollte, ohne ihr eigenes Tempo zu berücksichtigen, und mich dann zurückgewiesen fühlte, weil sie meine Hilfe nicht annahm.

Durch das Ego kommen wir nicht zu einem klaren Herzen,

weil es dieser Teil von uns ist, der verhindert, dass uns der GEIST in höhere Gefilde führt. Um ein klares Herz zu bekommen, müssen Sie sich entscheiden, sich nicht zum Opfer des Verhaltens von irgendjemandem zu machen. Sobald Sie das beschlossen haben, wird Ihr Herz automatisch klar werden.

Dann fangen Sie an, zu verstehen, dass Ihr Chef aus eigener Unsicherheit so herumpoltert – nicht wegen der Qualität Ihrer Arbeit. Dann erkennen Sie, dass Ihr Kind verärgert ist, weil es seiner Selbstverantwortung nicht nachkommt – nicht weil Sie als Eltern versagt haben. Dann merken Sie, dass Ihre Nachbarin kurz angebunden und unhöflich ist, weil sie erschöpft ist und es sich nicht leisten kann, weniger zu arbeiten. – nicht weil sie sich über Sie ärgert.

Ein klares Herz zu haben ist eine höchst selbstliebende Entscheidung, weil sie Sie davor bewahrt, das Elend aller anderen auf sich zu nehmen, und es Ihnen erlaubt, Ihren eigenen Frieden zu genießen.

Ein klares Herz zu haben geht ganz einfach:

1. Nehmen Sie nichts persönlich. Was auch immer jemand tut oder lässt – es hat nichts mit Ihnen zu tun.

2. Seien Sie kein Opfer. Denken Sie daran, dass Sie andere zwar nicht steuern können, aber durchaus die Wahl haben, wie Sie mit dem Verhalten der anderen umgehen.

Nachdem Teds Herz klar war, beschloss er, sich scheiden zu lassen, seine Therapie fortzuführen und das volle Sorgerecht für die Kinder zu beantragen. Das war eindeutig der einzige Weg für ihn, seine Liebe zu sich selbst, zu seinen Kindern und letztlich auch zu seiner Frau zu leben. Als er aufhörte, blind auf ihre Sucht zu reagieren, erkannte er zum ersten Mal, wie groß ihre Abhängigkeit war, und konnte sich von ihr lösen und Mitgefühl mit ihr haben. Die Scheidung verlief ziemlich hässlich, aber auch das nahm er nicht persönlich. Jetzt da er auf der anderen Seite des Fiaskos angelangt ist, kann er auch erkennen, dass es seine eigene Unsicherheit war, die ihn in eine Beziehung zu einer Süchtigen getrieben hatte.

Ein klares Herz ist auch kreativ. Mit einem klaren Herzen können Sie subtile Verbindungen und verborgene Beziehungen erkennen. Sie fangen an, zu verstehen, was wirklich in anderen vor sich geht, und können somit besser entscheiden, wie Sie sich dazu verhalten wollen. Sie lösen sich aus dem Chaos und dem Drama, die mit der Opferrolle einhergehen. Mit einem klaren Herzen nehmen Sie die Macht wieder in Anspruch, zu wählen und zu erschaffen.

Ihr Herz zu klären ist einfach. Statt zu fragen: »Warum geschieht *mir* das?«, denken Sie lieber: »Warum geschieht das? Wie sieht hier die Beziehung zwischen Ursache und Wirkung aus, zwischen Entscheidung und Ergebnis?«, oder noch besser: »Was kann ich daraus lernen?«

Lernen Sie, statt zu reagieren! Ziehen Sie sich aus dem Drama heraus und atmen Sie sich mit Objektivität durch die Schwierigkeiten hindurch. Das bedeutet nicht, dass Sie überhaupt nichts fühlen können. Gefühle sind gut, sie informieren Sie über Ihre Entscheidungen. Wenn Sie sich schlecht fühlen, gibt es etwas zu lernen. Wenn Sie sich zum Beispiel deprimiert fühlen, lernen Sie vielleicht, dass Sie sich besser um Ihre Gesundheit kümmern müssen oder dass Sie andere Bedürfnisse ignoriert haben. Wenn Sie wütend sind, lernen Sie vielleicht, dass Sie nicht auf Ihre Grenzen geachtet haben und sich von anderen herumstoßen ließen. Wenn Sie sich gereizt oder ungeduldig fühlen, lernen Sie vielleicht, dass etwas im Gange ist, das nicht gut geerdet, unklar oder nicht ehrlich ist.

Ein klares Herz bringt viel Nützliches mit sich: Es reduziert Stress, verbessert die Vitalität und erneuert Ihre Energie. Je klarer Ihr Herz ist, desto weniger anstrengend ist Ihr Leben. Dieser Aspekt des Herzens gibt Ihnen Kraft und regeneriert Ihre Kreativität. Mit vernebeltem oder verwirrtem Herzen können Sie keine Lösung finden; dann drehen Sie sich nur in Leidenskreisen. Diese Art von selbst erzeugtem Drama ist zwar für das Ego verführerisch, doch letztlich ist es Zeitverschwendung.

Aus einem vernebelten, verwirrten Herzen entsteht nichts Gutes, und nichts behindert Ihre Fähigkeit zur Selbstliebe schneller und effektiver als die Angst. Sobald Sie Angst haben, vernebelt sich das Herz, und Verwirrung entsteht.

Ich habe jedoch entdeckt, dass wir die Angst nicht zu überwinden brauchen, um ein klares Herz zu bekommen. Wir brauchen die Angst nur anzuerkennen, wenn sie sich zeigt. Nach meiner Erkenntnis ist es weniger die Angst selbst, die uns so schadet, sondern vielmehr das Bemühen, sie zu verbergen.

Sich zu fürchten ist normal, vor allem gegenüber dem Unbekannten. Ich erinnere mich zum Beispiel an einen Abend vor einem Tagesseminar, das ich in Sydney geben sollte. Den ganzen Tag über hatte ich mich angespannt gefühlt. Trotz eines Mittagsschlafs fühlte ich mich unruhig und reizbar. Plötzlich wurde mir klar, was los war: Ich ängstigte mich.

Sobald ich das erkannt hatte, zeigte sich eine ganze Reihe von Ängsten. Ich fürchtete, dass …

• … mir kein Kontakt mit den Teilnehmern gelingen würde;

- … ich keine Wirkung erzielen würde;
- … meine innere Führung versagen würde;
- … den Teilnehmern meine Musik nicht gefallen könnte.

Ich war einfach allgemein ängstlich. Doch je mehr ich meine Ängste anerkannte, desto schwächer wurden sie, und meine Klarheit kehrte zurück. Jetzt sagte mein Herz: Ja, all diese Dinge könnten geschehen; es ist nicht sehr wahrscheinlich, aber möglich. Und was wäre dann? Es wäre kein Weltuntergang.

Und das stimmte. Das Ganze könnte sich tatsächlich als eine unangenehme Erfahrung herausstellen, aber selbst im schlimmsten Fall würde es nicht mehr bedeuten als einen vorübergehenden Knacks für mein Ego. Bei diesem Gedanken musste ich lachen.

So viele unserer Ängste sind nichts als Bedrohungen unseres ohnehin ständig verunsicherten Ego. Wenn wir jedoch daran denken, dass wir GEIST sind, befreien wir uns von den Panikanfällen des Ego. Je mehr wir unsere Ängste mit Liebe und einer Prise Humor anerkennen, desto mehr lösen sie sich auf und »entnebeln« das Herz.

Natürlich gibt es einen Unterschied zwischen einem allgemeinen, unbestimmten Angstgefühl und der Angst, die durch eine tatsächliche Gefahr ausgelöst wird. In den meisten Fällen, in denen wir uns fürchten, ist nichts anderes bedroht als unser empfindliches Ego. Doch selbst wenn wir wirklich in Gefahr sind, ist es sehr viel besser, sich diese Angst einzugestehen, damit unser Herz klar wird und unsere innere Führung uns einen Ausweg zeigen kann.

Während meines Studiums in Frankreich wollte ich mich einmal von einem Mann nach Hause fahren lassen, den ich auf einer Party kennengelernt hatte. Es war spät in der Nacht, keine Bahnen fuhren mehr, es war kalt und ich hatte kein Geld für ein Taxi. Es war dumm, aber ich war jung.

Im selben Augenblick, als ich zu ihm ins Auto stieg, spürte ich Angst. Ich gestand es mir ein, und sofort hörte ich meinen GEIST sagen: »Du solltest auch Angst haben, denn dieser Mann hat schlechte Absichten.«

Kaum hatte ich das von meiner inneren Führung vernommen, sagte ich: »Oh mein Gott, ich muss schnell aussteigen, mir ist so übel, dass ich mich gleich übergebe!«

Der Mann sah mich erschrocken an, und ich bemerkte Angst in seinen Augen. Angesichts seines teuren Autos und Anzugs wusste ich, warum.

Beim Aussteigen ließ meine Angst nach und Erleichterung machte sich breit. Ich lachte sogar ein bisschen, als ich nach Hause wanderte, frierend, aber sicher.

Gestehen Sie es sich ein, wenn Sie sich fürchten, entweder laut oder im Stillen. Seien Sie so genau wie möglich, worauf sich die Angst bezieht. Und wenn Sie es nicht wissen, sagen Sie sich das eben. Beachten Sie, wie Ihr Herz klarer wird, je mehr Sie Ihre Angst artikulieren. Wenn Ihr Herz klar ist, fragen Sie Ihren GEIST, ob es sich um eine reale oder eine fantasierte Bedrohung handelt. Hören Sie auf die Antwort. Falls es eine reale Gefahr gibt, bitten Sie Ihr Herz, Sie schnell in Sicherheit zu bringen; wenn die Gefahr nur in Ihrer Einbildung existiert, bitten Sie sie, aus dem Weg zu gehen. Je öfter und schneller Sie der Angst entgegentreten, desto früher wird Ihr Herz klar werden und klar bleiben. Ein klares Herz ist selbstliebend und kann Sie zu einer kreativen Lösung führen.

Das Herz wird auch durch starke Emotionen aller Art vernebelt. Heftiger Ärger, intensive Vernarrtheit, überwältigender Kummer oder ekstatische Verzückung – kraftvolle Wellen von

Emotionen stören die Klarheit des Herzens und unsere Fähigkeit, uns selbst und andere zu lieben.

Das soll nicht heißen, dass wir versuchen sollten, uns von unseren Emotionen zu distanzieren. Überhaupt nicht. Blockierte Emotionen verschließen und vernebeln das Herz nur noch mehr. Nein, es ist wichtig, all unsere Emotionen ganz zu spüren und sie als Botschaften wahrzunehmen, die uns etwas über die Erfahrungen unseres Lebens mitteilen. Wir müssen uns nur im Klaren sein, dass Emotionen kommen und gehen wie das Wetter. Wir können von ihnen lernen, aber wir sollten nicht immer gleich agieren. Es ist besser, abzuwarten, bis die Intensität vorüber ist, und uns dann zu entscheiden, wie wir uns verhalten wollen.

Meine Klientin Sally ist zum Beispiel eine leidenschaftliche, kreative Frau mit einem brillanten GEIST und viel Temperament. Bei Auseinandersetzungen mit ihrem Mann verlor sie zuweilen ihre Fassung und sagte dann im Affekt, sie wolle sich scheiden lassen. Sobald ihr Zorn verraucht und ihr Herz wieder klar war, hatte sie überhaupt kein Verlangen, ihre Ehe zu beenden. Tatsächlich hatten ihre Ausbrüche selten überhaupt etwas mit ihrem Mann zu tun. Leider wusste er das nicht, und nachdem sie einmal zu oft verkündet hatte, sich scheiden zu lassen, verließ er sie und reichte seinerseits die Scheidung ein. Ihr vernebeltes Herz hatte nicht bemerkt, wie sehr ihr Mann unter ihren Ausbrüchen gelitten hatte. Jetzt hatte er sein Herz verschlossen und wollte nicht mehr bei ihr bleiben.

Hätte Sally zunächst abgewartet, bis sich die Wellen des Ärgers beruhigt hatten, und sich dann erst geäußert, wäre sie vielleicht heute noch verheiratet. Ihre impulsiven Worte haben sie selbst letztendlich mehr verletzt als irgendjemand anderen.

Das Gleiche galt auch für George, einen anderen Klienten, der nach 35 Ehejahren seine Frau verloren hatte und vom Kummer und der Einsamkeit überwältigt war. Mitten in seinem Leiden lernte er eine Frau kennen, die gerade aus Bulgarien eingewandert war. Aus einem Impuls heraus bat er sie, ihn zu heiraten, und sie war einverstanden. Er wusste, dass sein Herz nicht klar und es keine gute Idee war; trotzdem tat er es. Die gegenseitige Anziehung legte sich schon nach drei Monaten und an ihre Stelle traten Ablehnung und allmählich auch Groll. Nach drei Jahren Auseinandersetzungen ließen sie sich scheiden. So musste er neben seinem immer noch unverarbeiteten Schmerz auch noch dieses Desaster durchstehen.

Lassen Sie Ihre Emotionen steigen und fallen, aber lassen Sie sie nicht Ihr Leben steuern. Gesunde, selbstliebende Entscheidungen treffen wir am besten, wenn wir emotional ruhig sind.

Um unsere Emotionen zu besänftigen, hilft es, ihren Ausdruck in gesunde Bahnen zu lenken. Tagebuch schreiben ist ein hilfreicher Weg, mit starken Gefühlen umzugehen und seine Balance wiederzufinden. Das Gleiche gilt für einen Spaziergang, eine Joggingrunde, Sport, Faustkicks gegen einen Boxsack, ein Gespräch mit einer neutralen Freundin, eine lange heiße Dusche, Schreie in ein Kissen, Schimpftiraden beim Autofahren, um den Druck aus dem Leib zu stoßen, oder fürs Tanzen.

Bringen Sie Ihre Emotionen zum Ausdruck – aber handeln Sie nicht danach! Egal ob sie angenehm sind oder unangenehm – warten Sie ab, bis Sie klar sind, bevor Sie Entscheidungen treffen. Natürlich erfordert das eine gewisse Disziplin, vor allem wenn Sie ein leidenschaftlicher Mensch sind. Doch wenn Sie darüber nachdenken, werden Sie wahrscheinlich feststellen, dass die schlechtesten, am wenigsten liebevollen Entscheidungen, die Sie je getroffen haben, aus einem starken Gefühl heraus entstanden sind. Unter dem Eindruck starker Emotionen sind wir gegenüber uns selbst und anderen oft am kritischsten und urteilen am härtesten.

Wenn Ihr Herz klar ist, können Sie Ihren GEIST spüren und finden automatisch Liebe und Wertschätzung für sich. Andernfalls können Sie Ihren GEIST nicht wahrnehmen, weil Ihr Ego verrückt spielt. Seien Sie sich klar darüber, dass Emotionen vergehen. Sie rollen vorüber wie Gewitterwolken am Himmel. Seien Sie geduldig und lassen Sie es zu. Wenn Ihr Herz wieder klar ist, ist es sehr viel einfacher, gesunde, selbstliebende Entscheidungen zu treffen, die Ihren GEIST glücklich machen.

☉ *Das weise Herz*

Um sich selbst zu lieben, muss man Frieden finden. Und der Weg zum Frieden geht durch das weise Herz.

Das weise Herz gehört zu Ihrer alten Seele. Es verbindet Entscheidungen und Verhalten mit Konsequenzen und Ergebnissen. Es ist das universelle Herz – jener Aspekt der Selbstliebe, der sich löst vom persönlichen »Ich« und sich als Teil eines größeren Ganzen, der menschlichen Rasse, empfindet. Das weise Herz ermutigt Sie, sich über Ihren persönlichen Vorteil zu erheben und die Auswirkungen Ihrer Entscheidungen auf die gesamte Menschheit zu betrachten. Es ist das Herz der Selbstkontrolle über das Ego: Es entscheidet sich, sich nicht mit Alkohol ans Steuer zu setzen, das Konto nicht zu überziehen und gesund zu essen. Das weise Herz verwendet gerne energiesparende Glühbirnen.

Das weise Herz ist sich der Konsequenzen unserer Entscheidungen bewusst. Dieser Aspekt der Selbstliebe ist vor allem in der westlichen Kultur sehr wenig entwickelt. Es ist viel populärer und verführerischer, den Erwartungen des Ego zu entsprechen, zu prahlen und zu schwadronieren, als nachhaltig und weise zu denken.

Das Gegenteil des weisen Herzens ist das törichte Herz, das im Leben eher reagiert als agiert. Das törichte Herz opfert alle persönliche spirituelle Kraft der Laune und den Impulsen des Augenblicks – wobei es seine Entscheidungen und sein selbstsüchtiges Verhalten bereits kurz darauf bedauert. Das törichte Herz neigt auch zur Überreaktion.

Durch »Zufall« lernte ich schon im Alter von zehn Jahren das weise Herz in mir kennen. Eines Tages begegnete ich auf dem Heimweg von der Schule einer Gruppe älterer Kinder, die mich hänselten und als das »katholische Mädchen in seiner blöden Uniform« verspotteten.

Ich fühlte mich beschämt, verängstigt und in der Minderzahl. Ich wusste nicht, was ich tun sollte. Mein ängstliches Selbst wollte weinen, mein instinktives Selbst wollte weglaufen, mein mutiges Selbst wollte sich verteidigen. Doch mein höheres Selbst wusste, dass keine dieser Optionen mich schützen oder aus der misslichen Lage befreien würde, in die ich geraten war. Der einzige Weg bestand darin, ruhig zu bleiben und nichts zu tun – mit anderen Worten: nicht zu reagieren.

Ich schaute den anderen direkt in die Augen, während sie mich aufzogen, aber ich blieb neutral. Ich zeigte weder Angst noch Zorn, ähnlich wie ich es bei meinem älteren Bruder erlebt hatte, wenn ich ihn ärgerte. Zu meiner Überraschung funktionierte es: Der Mangel an Reaktion bei mir entwaffnete sie. In weniger als fünf Minuten wurde ihnen ihr Spiel langweilig und sie gingen weiter. Während sie abzogen, stand ich noch eine kurze Zeit unbeweglich da, dann ging ich langsam meines Wegs – zumindest bis zur nächsten Ecke, wo ich ihrem Blickfeld entschwand. Von dort aus rannte ich nach Hause, so schnell ich konnte.

Der erste Mensch, dem ich zu Hause begegnete, war genau dieser ältere Bruder, den ich so oft zu ärgern versuchte. Er hörte mir gelassen zu, als ich ihm die Einzelheiten meiner schrecklichen Begegnung erzählte und berichtete, ich hätte weder meine Angst gezeigt noch sonst wie reagiert, sodass die anderen Kinder zu meiner Überraschung schließlich abzogen.

Seine einzige Bemerkung war: »Das war weise«, dann trollte er sich. Und er hatte recht: Es war weise gewesen, den Mund zu halten, ihnen in die Augen zu schauen und zu warten, statt zu reagieren. Normalerweise verhielt ich mich nicht so. Mitten in der Gefahr hatte ich Zugang gefunden zu einer Weisheit, von der ich nicht wusste, dass ich sie hatte. Diese Weisheit bewahrte mich vor allen möglichen unangenehmen Konsequenzen, die sich hätten ergeben können; sie bewahrte mich vor Schaden.

Seitdem habe ich oft über Weisheit nachgedacht – und wie sie uns in allen Situationen schützt und nützt. Um uns mit ihr zu verbinden – das habe ich gelernt –, müssen wir das Bedürfnis aufgeben, recht zu haben. Sobald wir meinen, recht zu haben, muss jemand anderes im Unrecht sein. Und solange »Richtig« gegen »Falsch« steht, gibt es Konflikte.

Das soll nicht heißen, dass wir keine moralischen Werte und Überzeugungen haben sollten. Es bedeutet nur: Was für Sie richtig ist, muss es nicht unbedingt auch für jemand anderes sein. Würdigen Sie die unterschiedlichen Meinungen und Perspektiven. Es ist zwar wichtig, nach Ihrer inneren Moral und Führung zu leben. Aber es ist nicht liebevoll, sie anderen überzustülpen, und erst recht nicht durch Zwang; das bringt nur Leiden mit sich.

Weise zu sein bedeutet, auch eine respektvolle Sensibilität und ein klares Verständnis für die Rechte anderer Menschen zu haben. Im Volksmund: Was du nicht willst, das man dir tu, das füg auch keinem andern zu. So einfach ist das.

Weise zu sein bedeutet, den Mund zu halten, abzuwarten, nicht aus dem Augenblick heraus zu reagieren und auf schwierige oder ärgerliche Situationen mit Liebe statt mit Angst oder Zorn einzugehen. Mit einem weisen Herzen bewahrt man auch die Kontrolle über die eigene Leidenschaftlichkeit, statt sich hinreißen zu lassen. Statt sich zum Sklaven der eigenen Impulse zu machen, lässt man seine Aggressionen in besonnenes Handeln einmünden. Das weise Herz rät Ihnen, die alte Erkenntnis »Es geht alles vorbei« zu beherzigen und sich zu entscheiden, im Frieden und in der Ruhe der höheren Vernunft zu leben, statt ständig die Schadensbegrenzung zu betreiben, die mit hitzköpfigen emotionalen Reaktionen notwendigerweise einhergeht.

Aus einem weisen Herzen heraus zu leben bedeutet mehr, als einfach die Kontrolle über Ihre Emotionen zu bewahren – es bedeutet auch, sich von Ihrer höheren Vernunft leiten zu lassen, wenn es in einer Situation eng wird.

Betty setzte ihr weises Herz ein, als sie sich nach dreizehnjähriger Ehe von Edward scheiden ließ. Sie war wütend über seine Seitensprünge und wollte ihn oft verletzen, weil er ihr so wehtat, doch ihre siebenjährigen Zwillinge verehrten ihren Vater, und Betty wollte die Beziehung zwischen den dreien nicht zerstören. So schwer es ihr auch fiel, verhielt sich Betty doch weise: Sie vergab ihrem Mann seine Untreue und sprach vor den Kindern nie schlecht mit ihm oder über ihn, weder während des Scheidungs-prozesses noch danach. Sie behielt ihre Gefühle unter Kontrolle und lebte sie nur bei ihrer Therapeutin aus. Aus Liebe zu ihren Kindern und um ihres eigenen Friedens willen legte sie sich eine strenge emotionale Disziplin auf.

Edward dagegen versuchte, sein Verhalten zu rechtfertigen, indem er Betty angriff. Dann wollte er seine Fehler banalisieren, indem er Ausreden fand und ihr die Schuld zuschob. Als Nächstes kamen Geschenke und Versprechungen. Betty blieb standhaft und ging nicht darauf ein. Dann distanzierte er sich von ihr und suchte Streit. Sie blieb weise und gelassen. Sie sagte einfach immer wie-der: »Ich liebe dich als Mensch, Edward, aber ich will nicht länger deine Frau sein.«

Nach zwei Jahren war die Scheidung durchgestanden. Edward bat Betty um Vergebung und sie akzeptierte es. Am Ende wurden sie gute Freunde. Dank Bettys Weisheit hörte Edward auf, sie an-zugreifen, sie zu beschuldigen; er schämte sich seines Verhaltens, und konnte zugeben, dass er zu unreif gewesen war, um einen guten Ehemann abzugeben.

Während dieses Prozesses erkannte auch Betty, dass sie zu viel Kontrolle ausgeübt hatte, um eine gesunde Partnerschaft zu leben, vor allem bei einem so unreifen Partner. Sie hatte ihrem Mann kaum die Chance gegeben, die Partnerschaft mitzugestalten. Sie lernte, sich zurückzuhalten, sich ihre Verletzlichkeit einzugestehen und anderen zu erlauben, für sie da zu sein. Das erforderte eine Menge ehrlicher emotionaler Arbeit für sie, aber sie war es sich wert.

Nach der Scheidung nahm sich Edward eine Wohnung, die nur einen Block entfernt lag, um viel Zeit mit seinen Kindern zu verbringen. Betty ging weiter zur Therapie und heiratete fünf Jahre später einen sehr viel reiferen Mann. Edward und Bettys neuer Mann wurden Freunde; heute verbringen sie die Ferien miteinander.

All dies war nur möglich, weil Betty sich bei ihrer Scheidung entschieden hatte, lieber weise zu sein, statt recht zu haben. Sie behielt den größeren Zusammenhang im Auge, statt selbstgerecht darauf zu beharren, dass ihr Unrecht angetan worden war, und Edward dafür zu bestrafen.

Der Weg, um unser eigenes weises Herz zu aktivieren, wird durch Gebete und Glauben gebahnt. Wir müssen die Kontrolle abgeben und unseren persönlichen Willen dem Göttlichen übergeben. Weisheit ist eine spirituelle Gabe in allen Herzen, die darauf wartet, ins Leben gerufen zu werden. Wir müssen von unseren Egos zurücktreten und unser zeitloses höheres Selbst bewusst ins Spiel bringen. Weisheit wurzelt in der Erinnerung, dass letzten Endes alles Leben kommt und geht; alle Dinge der menschlichen Welt haben einen Anfang, eine Mitte und ein Ende; und nur was dem GEIST dient, hat auf Dauer Bestand. Weisheit ist das Wissen, dass nur die Entscheidungen, die uns Gott und dem Göttlichen näher bringen, wahrhaft wertvoll sind. Jene, die uns vom Göttlichen weglenken, sind schädlich – nicht nur für uns, sondern für alle.

Jeden Tag erhalten wir Chancen, ein wenig weiser zu sein als am Tag zuvor: vielleicht wenn uns jemand im Verkehr die Vorfahrt nimmt, unsere Pläne durchkreuzt oder unsere Ruhe stört. Diese Gelegenheiten, weise zu sein, ergeben sich immer dann, wenn jemand sich nicht gemäß unseren Vorstellungen verhält.

Sie können töricht sein und mit Negativität reagieren, einen Tobsuchtsanfall kriegen oder Ihre Geringschätzung herausschnauben, aber das wird den anderen nicht ändern und Sie machen sich nur lächerlich. Solch ein törichtes Verhalten bringt Ihnen nicht das, was Sie wollen; es verschlimmert die Situation häufig noch. Es lässt Sie handeln, bevor Sie nachgedacht haben, zurückschlagen, bevor Sie sich die Konsequenzen bewusst gemacht haben, und so auf Ihrer Selbstgerechtigkeit bestehen, dass Sie dafür alle Hoffnung auf Ruhe und Frieden fahren lassen.

Eine Klientin hat mich kürzlich gefragt, wie man am besten ein weises Herz entwickelt. Sie war verheiratet, hatte sich aber in jemand anderes verliebt. Sie mochte ihren Mann und wollte sich nicht scheiden lassen, aber sie fühlte sich auch sehr zu dem anderen hingezogen. Sie wusste nicht, wie sie die Verbindung zu ihm aufrechterhalten und ihrem Mann treu bleiben könnte. Meine Antwort war: »Tun Sie das, womit Sie leben können – tun Sie das, was Ihnen Frieden gibt.«

Sie dachte darüber nach und beschloss, mit einer heimlichen Affäre nicht gut leben zu können. Den Mann, den sie liebte, wollte sie trotzdem in ihrem Leben behalten. Ihre weise Entscheidung war, ihn mit ihrem Mann bekannt zu machen, ihre sexuelle Anziehung zu unterdrücken und die Freundschaft mit ihm zu genießen. Im Lauf der Zeit freundeten sich die beiden Männer miteinander an und so konnten alle drei friedvoll zusammen sein.

Wo in Ihrem Alltag leben Sie zurzeit nach Ihrem weisen Herzen? Vielleicht in dem Moment, wo Sie ein Auge zudrücken, wenn ein Straßenrowdy knapp vor Ihnen die Spur gewechselt hat. Oder wenn Sie die unhöflichen Bemerkungen Ihres pubertierenden Sprösslings überhören, statt sich darüber aufzuregen. Oder wenn Sie die unaufgeforderte Kritik von jemandem ignorieren, statt schnippisch zurückzuschlagen.

Welche Entscheidungen schenken Ihnen Frieden? Vielleicht die Fehler Ihres Kollegen zu tolerieren, statt sich darüber zu ärgern. Vielleicht Ihren Eltern zuzuhören und ihren Standpunkt zu respektieren, auch wenn Sie ihn nicht teilen.

Welches Verhalten schenkt Ihnen Zufriedenheit mit sich selbst? Es mag darum gehen, Ihre persönliche Sicht einer Sache aufzugeben und sich der Perspektive einer Gruppe anzupassen; oder jemandem zu vergeben, der Sie im Stich gelassen hat, und es nicht persönlich zu nehmen. Vielleicht können Sie auch den Beschwerden von jemandem zuhören, ohne gleich darauf zu reagieren … All dies sind Ausdrucksformen des weisen Herzens.

Und wo in Ihrem Leben fehlt es Ihnen an Frieden? Wo halten Sie lieber an Ihrem Stolz fest? Wo beschuldigen oder verdammen Sie? Wo weigern Sie sich, sich zu entschuldigen oder zu verzeihen, und verharren lieber in selbstgerechter Beleidigung? Wo sind Sie immer wieder engstirnig, reizbar oder unbeherrscht? Diese kostspieligen Entscheidungen rauben Ihnen die Grundlagen der Selbstliebe, nämlich Selbstachtung und inneren Frieden.

Das weise Herz gehört zu Ihrem inneren Ältesten. Es ist der Aspekt Ihres GEISTES, der weiß: Die Emotionen beruhigen sich im Lauf der Zeit, die Leidenschaft verebbt und die Klarheit kehrt zurück. Das weise Herz verbindet Vernunft und Emotion, sodass Sie auf Situationen mit ganzem Herzen und ganzem Verstand eingehen können. Es umfasst all Ihre Fähigkeiten – Gefühle und Gedanken, Leidenschaft und Vernunft – und entscheidet sich für einen Weg, der nicht nur Ihnen dient, sondern allen.

Das weise Herz fühlt intensiv, aber es handeln mit Bedacht. Es verhilft Ihnen zu Unterscheidungsvermögen und Geduld. Das weise Herz entspringt nicht nur Ihrer höchsten persönlichen Vernunft, sondern auch der Weisheit aller Zeitalter – es ist ein Geschenk Ihrer Ahnen und verankert in Ihrer DNA.

Eine weitere Quelle der Weisheit, die uns zur Verfügung steht, ist die Weisheit der Menschheit. Es ist das kollektiv Erlernte, das wir uns alle zunutze machen können. Alle Weisheit ist das Vermächtnis unserer Vorfahren: Sie ist ein Geschenk, entstanden aus ihrem Leiden, ihren Qualen und ihren Fehlern – genauso wie aus ihren Siegen –, das uns Leiden ersparen soll.

Um Zugang zur alten Weisheit zu erhalten, können Sie mit Ihren Ahnen Kontakt aufnehmen, sowohl mit den persönlichen als auch mit den kollektiven. Fragen Sie sich, welche Weisheit sie weitergegeben haben. Denken Sie intensiv darüber nach.

Ich habe einen Nachbarn, der aus einer stolzen, sturen sizilianischen Familie stammt. Zur Weisheit, die sie ihm mitgegeben hat, zählen unter anderem Loyalität, Zuverlässigkeit und Ausdauer. Aber er hat auch aus ihren Fehlern Weisheit gewonnen, indem ihm aufging, wie viel Leid aus ihrem Misstrauen und ihrer Engstirnigkeit erwachsen ist. Sie haben lieber gelitten, als Hilfe anzunehmen. Er ist deshalb jetzt weise genug, nicht so schnell zu urteilen, leichter zu vertrauen und andere an sich heranzulassen. Ihre Erfahrungen waren ihm ein Gewinn.

Zu den weisesten Dingen, die wir tun können, gehört es, von unseren Ahnen zu lernen. Wir können das Gute und das Schlechte der Vergangenheit betrachten und uns die Lehren unserer Vorväter und -mütter zu Herzen nehmen.

Das weise Herz in uns allen erkennt die Kontinuität des Lebens. Es versteht Zyklen und beobachtet, wie das Leben immer wieder zu sich selbst zurückkehrt. Wenn wir weise sind, lassen wir uns Zeit, verbinden die Punkte, lernen wir von anderen, beobachten Ursache und Wirkung und entscheiden uns für Frieden statt für Rechthaberei. Recht haben zu wollen ist die subjektive

Reaktion des flüchtigen Ego. Frieden ist die universelle Antwort des tiefsten GEISTES.

◎ *Das mutige Herz*

Das mutige Herz ist der Aspekt Ihres authentischen GEISTES, der Ihren Überzeugungen treu bleibt, der auch angesichts der Angst standhaft bleibt, statt wegzulaufen oder unbewusst zu werden, und dem die eigene Anerkennung wichtiger ist als die der anderen.

Das mutige Herz verleiht Ihnen die Fähigkeit, Nein zu sagen, wenn es sein muss, einzustehen für das, woran Sie glauben, und Angriffen standzuhalten, ohne nachzugeben oder Ihre Werte oder Prinzipien anzupassen. Es ist das Herz der Stärke; niemand kann sich ohne seine Kraft wirklich selbst lieben und seinen GEIST leben.

Das mutige Herz ist feurig. Es fühlt nicht nur, was für den GEIST richtig ist, sondern handelt auch danach. In meinen 35 Jahren als intuitive Beraterin bin ich selten jemandem begegnet, der nicht spürte, was für seinen GEIST richtig war. Als göttliche Wesen fühlen wir, was für uns stimmt. Doch das reicht nicht. Wir müssen auch umsetzen, was uns unser GEIST eingibt, um wirklich die Liebe zu leben, die unser GEIST ausstrahlt.

Ich habe gerade in Chicago einen kleinen Kurs zu diesem Thema beendet. Als ich die Teilnehmer dort fragte, wie viel von ihnen so handelten, wie es ihnen ihr GEIST empfahl – zum Beispiel, indem sie mit einem Fremden Kontakt aufnahmen, weil sie eine Anziehung spürten, oder ein kreatives Projekt in Angriff nahmen, den Arbeitsplatz wechselten oder etwas für die eigene Gesundheit taten –, hoben weniger als die Hälfte die Hand. Auf meine Frage nach dem Warum gaben die meisten zu, sich davor zu fürchten. Es schien, als warteten sie darauf, sich sicher genug zu fühlen. Aber egal wie viel Liebe, Anerkennung, Zuneigung oder Sicherheit das Ego auch erhascht – es wird nie genug sein. Das Ego will über alles, was außerhalb von ihm ist, die absolute Kontrolle haben, doch das ist unmöglich.

Vor einigen Jahren erhielt ich auf einer Reise durch Südafrika eine Lektion über das mutige Herz, die sich mir unauslöschlich eingeprägt hat. Ich hatte in Johannesburg, Durban und Kapstadt einige Seminare gegeben und belohnte mich mit einer dreitägigen Safari durch den südafrikanischen Busch.

Zuerst flog ich eine Stunde mit einem gewöhnlichen Linienflieger, dann noch einmal zwanzig Minuten mit einer kleinen Maschine zu einer völlig alleine daliegenden Landebahn, schließlich fuhren wir noch eine Stunde zu einem winzigen Camp, wo die Safari begann.

Allein diese Erfahrung der unendlich weiten Natur war ein Wunder für mich als Stadtmensch. Morgens von halb vier bis halb acht Uhr fuhren wir durch den Busch, um Tiere zu beobachten, und dann noch mal am Spätnachmittag und Abend von vier bis sieben. Alles, was ich sah, war außergewöhnlich: Hyänen, Elefanten, Nashörner und Giraffen, alle in ihrer natürlichen Umgebung. Es war atemberaubend!

Am letzten Abend kurz nach Sonnenuntergang wollten wir gerade zum Camp zurückkehren, als es über Funk einen kurzen, aufgeregten Austausch zwischen unserem Fahrer und einigen anderen Rangers aus der Region gab. Offenbar war etwas Besonderes gesichtet worden.

Alle Fahrzeuge flitzten zu derselben Stelle. Wir parkten und warteten in Stille. Die Rangers gaben uns keinen Hinweis, worauf wir warteten. Wir starrten einfach in die Dunkelheit und versuchten, etwas zu erkennen.

Plötzlich trat eine Löwenmutter aus dem Busch, mitsamt ihren fünf Jungen. Es verschlug mir den Atem. Sobald sie da waren, schalteten alle Rangers ihre Scheinwerfer an, doch weder das Muttertier noch die Jungen schienen sich am grellen Licht oder an unserer Gegenwart zu stören. Die Löwin schien völlig darauf konzentriert, ihre Jungen zu führen, und trottete gleichmäßig weiter, ohne nach rechts oder links zu sehen.

Als sie an unserem Range Rover vorbeikam, war sie so nahe, dass ich ihren heißen Atem riechen und die Narben in ihrem Gesicht sehen konnte. Ich bekam eine Gänsehaut. Und ich bemerkte ihren kraftvollen, unerschütterlichen, furchtlosen Fokus: Er war so stark, dass er auch ihre fünf Jungen in absoluter Aufmerksamkeit hielt. Nichts konnte ihre Schwingung von Klarheit, Zielgerichtetheit und Entschiedenheit stören. Während sie so an uns vorüberschlich, spürte ich plötzlich in meinem Körper, welche Schwingung damit verbunden ist, wenn jemand das »Herz eines Löwen« hat.

Mut dieser Größenordnung entsteht nur durch unwandelbaren Fokus und absolute Hingabe an das, was der GEIST erfordert. Löwen brauchen Wasser, um zu leben, und sie holten es sich. Nichts würde das verhindern … und nichts und niemand wagte es. Die Absicht der Löwen war klar und deshalb furchtlos.

Ich dachte an andere, die ähnlich furchtlos gewesen waren in ihrer Ausrichtung – Gandhi, Nelson Mandela, Mutter Teresa, Johanna von Orleans –, und erkannte plötzlich, dass wir alle Teil der »Bruder- und Schwesterschaft der Mutigen Herzen« sein können. Alles was dafür nötig ist, ist der unwandelbare Fokus auf unser Ziel. Das mutige Herz setzt seinen Kurs und fragt nicht voller Angst und Zweifel, wie es sein Ziel erreichen wird. Es vertraut darauf, dass das »Wie« sich im weiteren Verlauf schon zeigen wird.

Nelson Mandela wusste nicht, wie die Apartheid beendet werden könnte, aber sein Herz war von der Möglichkeit überzeugt. Mutter Teresa wusste nicht, wie sie so vielen verzweifelten Menschen helfen könnte, aber sie entschied sich, es zu tun. Gandhi wusste nicht, wie er Indien von der britischen Herrschaft befreien könnte – das »Wie« war nicht sein primärer Fokus, sondern dass es überhaupt geschehen würde.

Wenn Ihr Kopf, Ihr Herz und Ihre Füße sich mit einer höheren Absicht ausrichten, sind Gott und die Natur mit Ihnen im Einklang. Dann erzeugen Sie eine nahtlose Schwingung der Kraft und des Schutzes. Wenn Sie löwenherzig werden, lieben Sie sich selbst und leben Ihren GEIST. Sie beschwören die göttliche Flamme, erfüllen Ihr Herz mit Mut, ignorieren die Zweifel Ihres Ego mit seinem Kontrollbedürfnis und beschließen, sich selbst treu zu bleiben, komme, was wolle. Mut ist das Herz der Tat, nicht des Zögerns.

- Mit diesem Herzen entschied sich meine Klientin Jenny, mit ihrem Betriebswirtschaft-Studium aufzuhören und Gestaltung zu studieren, obwohl ihre Freunde und ihre Familie es für Zeitverschwendung hielten.

- Mit diesem Herzen entschied sich John, die Frau, die den Kaufvertrag für sein Haus aufgekündigt hatte, nicht zu verklagen, obwohl seine Freunde und Anwälte »Betrug!« riefen und ihn zum Kampf drängten.

- Mit diesem Herzen lächelt ein kleines Kind einen Obdachlosen an, statt wie die Erwachsenen unbeteiligt in die andere Richtung zu schauen.

Unseren GEIST zu leben erfordert Schwung und das Feuer des Mutes. Wir alle haben ein Löwenherz in uns. Und selbst wenn wir uns manchmal wie der feige Löwe aus »Der Zauberer von Oz« fühlen, müssen wir den Kurs halten können.

Fürchten Sie sich ruhig, aber bleiben Sie trotzdem dran. Seien Sie nervös, aber rennen Sie nicht weg. Setzen Sie wie die Löwenmutter unerschütterlich einen Fuß vor den anderen, den Blick fest auf das Ziel gerichtet. Versinken Sie nicht in den ängstlichen »Warum?« und »Wie?« des Ego. Vertrauen Sie, bleiben Sie standhaft und Ihr GEIST wird Ihnen den Weg weisen. Das ist Ihre göttliche Vereinbarung.

Die Gaben nutzen

Worum es geht: Die Gaben nutzen

Dieser Schritt zielt darauf ab, Sie auf die wundervollen Gaben hinzuweisen, die Ihr GEIST der Welt schenken will. Die praktische Übung »Schöpferisch sein« ermutigt Sie zur Kreativität als dem direktesten Weg, den Sinn Ihres Daseins zu erfahren. Sie werden die Fülle des GEISTES in allen kreativen Unternehmungen entdecken und mehr Vertrauen in Ihre persönlichen Beiträge zum Leben entwickeln.

Tief im Herzen jeder Seele, die auf dieser Erde geboren wird, liegt ein riesiger Korb voller Gaben, die sie in die Welt bringen möchte. Manche Gaben sind offensichtlich, andere weniger. Doch jede – egal, worum es sich handelt – ist ein gleich wichtiger Beitrag zur Balance und zur Freude der Welt und ist für das Ganze notwendig.

Auf einer tiefen Ebene spüren wir die Schätze, die in unserem Herzen verborgen liegen und darauf warten, entdeckt und in die Welt gebracht zu werden. Wir wissen intuitiv, wir haben etwas, das wir beitragen müssen, um mit uns selbst im Frieden zu sein und der Welt zu dienen. Wir nennen diese Sehnsucht, etwas zum Wohl des Ganzen zu tun, unsere Lebensaufgabe, und wir verbringen enorm viel Zeit und Energie mit dem Versuch, herauszufinden, worin sie genau besteht. Die Antwort ist einfach: Unsere Lebensaufgabe ist, tief in unser Herz zu schauen und das zum Ausdruck zu bringen, was wir lieben. Wir sollen einfach unseren inneren Geschenkkorb öffnen und das beitragen, was uns Freude macht. Das ist alles.

Das Ego will nicht, dass das unsere Lebensaufgabe sein soll. Es ist für seinen Geschmack zu einfach und hat mit dem Herzen zu tun. Wenn das Ego nicht beteiligt ist, verliert es an Macht und muss zurücktreten – was es nicht mag. Um also seine eigenen Interessen zu vertreten, lenkt es uns ab und betrachtet die Dinge, die wir lieben, mit Geringschätzung. Dann stürmen wir los, um »die Welt zu retten« – aber das Ego meint, dass wir dafür unbedingt auch bezahlt werden müssten.

Unsere Lebensaufgabe besteht schlicht darin, unser Herz in unserer persönlichen Freude so weit zu öffnen, dass es die Herzen anderer berührt. Sie liegt in den alltäglichen fröhlichen und liebevollen Taten der Fürsorge und des Miteinanders, die aus dem Herzen kommen und uns alle zu einer Familie verbinden. Die Lebensaufgabe kann sich auf den Beruf beziehen, aber sie muss es nicht, und häufig hat sie damit gar nichts zu tun.

Ich habe einen Freund, der mit Anfang dreißig einen Nervenzusammenbruch hatte und unter schweren Depressionen litt. Seitdem war er unfähig, mehr zu tun, als einfachen Jobs nachzugehen. Er ist jetzt seit dreißig Jahren in keiner festen Stellung und doch erfüllt er seine Lebensaufgabe ganz wunderbar, indem er selbstlos und still in seiner Gegend umhergeht und ein guter Nachbar ist. Er mäht und gießt den Rasen, wenn seine Nachbarn im Urlaub oder zu sehr beschäftigt sind. Im Winter schaufelt er den Schnee weg, damit die Leute sicher zur Bushaltestelle und zum Zug gelangen. Er hantiert auch gerne in der Küche herum und bäckt manchmal große Mengen Kekse oder leckere Torten; dann klingelt er hier und dort an der Tür und bringt warme Kekse vorbei. So schenkt er seinen Nachbarn die Gelegenheit, ein paar Minuten Pause zu machen und eine Tasse Kaffee mit ihm zu trinken.

Er bastelt auch gerne an elektronischen Geräten herum und hilft, den neuen Fernseher zu installieren oder die Waschmaschine zu reparieren, sodass die Leute nicht den Monteur kommen lassen müssen.

All dies tut er nicht aus Pflichtgefühl, sondern weil es ihm Freude macht. Würde man ihn fragen, ob er meint, seine Lebensaufgabe zu erfüllen, würde er wahrscheinlich verneinen, weil er keiner bezahlten Arbeit nachgeht. Doch wenn man seine Nachbarn und Freunde fragte, würde man sicher eine andere Antwort hören. Dank seiner unkomplizierten, freundlichen Art zu helfen, hat er ein anonymes Vorstadtviertel in eine Gemeinschaft verwandelt. Er erfüllt seine Lebensaufgabe vollkommen, indem er seine Gabe zum Ausdruck bringt, ein guter Nachbar und Freund zu sein.

Das erinnert mich an eine Frau, die mich jahrelang als Klientin besucht hat. Sie quälte sich, weil sie glaubte, ihre Lebensaufgabe nicht finden zu können. Auch sie war eine gute Freundin, Verwandte und Nachbarin, doch ihr Ego hatte sie davon überzeugt, ihr Leben zu vergeuden, weil ihr Job als Sekretärin bei einem Autohändler in seinen Augen keinen Wert hatte. Sicher, ihre Arbeit war nicht besonders erfüllend, aber sie es erlaubte ihr, ihre Familie mit ihren drei Kindern zu versorgen, denn ihr Mann hatte mit 37 Jahren einen Schlaganfall gehabt und war seitdem nicht mehr arbeitsfähig.

Ihre Gabe bestand darin, die Lücke zu füllen, der Familie liebevoll und freundlich die notwendige Stabilität zu geben, bis auch ihr jüngstes Kind das College hinter sich gebracht hatte. Sie hielt die Familie zusammen und gab ihren Kindern Sicherheit, zumal es für die Kinder nicht leicht gewesen war, plötzlich einen behinderten Vater zu haben. Ihre Arbeit spielte für ihre Lebensaufgabe eine sekundäre Rolle. Sie sagte selbst, sie hätte notfalls sogar Toiletten geputzt, um für ihre Familie zu sorgen, die Kinder bei sich zu behalten und ihrem Mann die nötige Zeit zur Heilung zu geben.

Während ihre Kinder aufwuchsen, stellte sich ihr niemals die Frage nach ihrer Lebensaufgabe. Doch als die Kinder flügge geworden waren und ihr Mann einigermaßen stabil war, ließ der Stress nach. Ihr Ego quälte sie von nun an mit dem Vorwurf, sie habe ihr Leben verpasst. Grausam, ich weiß, aber Egos sind manchmal so.

Bei unserem letzten Gespräch war sie ziemlich verzweifelt. Sie fühlte sich allein und nicht mehr jung. »Was ist der Sinn meines Lebens?«, fragte sie.

Als ich zu verstehen gab, er bestehe darin, ihrem Herzen zu dienen, dem die Familie besonders wichtig war, schien sie skeptisch. »Meine Kinder sind jetzt groß und gehen eigene Wege«, klagte sie. »Heißt das, meine Lebensaufgabe ist vorbei?«

»Überhaupt nicht«, erwiderte ich, »sie verändert sich nur. Sie haben Ihrer Familie in schweren Zeiten gedient und diese Aufgabe geliebt. Jetzt können Sie ihr in guten Zeiten dienen. Feiern Sie ihr Zusammensein – fördern Sie gemeinsame Entspannung und Gespräche, vielleicht sogar Familienausflüge oder gemeinsame Unternehmungen. Sie haben die Familie immer geerdet und *finanziell* intakt gehalten. Jetzt kann es Ihre Aufgabe sein, die Familie geerdet und *emotional* intakt zu halten. Rufen Sie Ihre Kinder an. Kümmern Sie sich darum, was aus ihnen geworden ist, kommunizieren Sie mit ihnen. Interessieren Sie sich für sie als Erwachsene und genießen Sie es. Das ist jetzt Ihre Aufgabe.«

Sie blieb misstrauisch. »Sie meinen, ich muss nicht persönlich den Völkermord in Darfur beenden oder alle Obdachlosen unserer Stadt von der Straße holen?«

»Natürlich können Sie sich für soziale Belange einsetzen, wenn Ihnen das am Herzen liegt«, antwortete ich. »Aber es ist genauso wichtig, die liebevolle, positive Verbindung zu Ihren Kindern aufrechtzuerhalten.«

Sie schwieg eine Weile. »Hm, das ist eigentlich auch das, was ich am meisten liebe«, sann sie nach. »Es scheint mir nur fast zu einfach.«

»Das sagt Ihr Ego. Hören Sie jetzt auf Ihr Herz. Was sagt es?«

Sie war wieder still und sagte dann: »Mein Herz meint, ich sollte mich entspannen. Ich habe mich mit Liebe um mein Leben gekümmert, also habe ich das für mich Richtige getan.«

»Genau«, bestätigte ich.

Der Lebenszweck ist nichts Kompliziertes. Nicht Ihre Taten bringen Erfüllung. Es gilt vielmehr: Was auch immer Sie tun – Sie tun es, weil Sie es lieben. Also sind Sie voller Liebe, wenn Sie es tun! Das ist es, was zählt: die Liebe.

Ich habe eine Freundin, die einen Riesenspaß dabei hat, über Ebay gebrauchte Kleidung und Alltagskram zu verkaufen. Sie erfüllt ihren Lebenssinn, denn sie hat Freude daran, die Objekte weiterwandern zu lassen, und so bringt sie Freude in das Leben all jener, mit denen sie in Kontakt ist. Die Sachen werden weitergereicht, und am Ende sind alle zufrieden. Das Ergebnis ist eine positive Schwingung, die alle berührt.

Seien Sie misstrauisch, wenn Ihr Ego meint, Sie müssten allein irgendeine heldenhafte Tat vollführen, um Ihren Lebenssinn zu erfüllen. Ein Hinweis darauf, dass Sie es mit Ihrem Ego zu tun haben, ist der Druck, dass es etwas »Besonderes« sein müsse. Jedes Gefühl und jeder Gedanke, Sie müssten etwas Besonderes sein oder tun, um Ihre Lebensaufgabe zu erfüllen, sollten Sie lachend als das offenbaren, was es ist: ein narzisstischer Ego-Trip.

Der GEIST fordert nie, dass Sie etwas Besonderes sein oder tun müssen. Er ermutigt Sie nur, das zu sein und zu tun, was Sie lieben.

Weniger die Tat selbst macht etwas sinnvoll, sondern die Schwingung, die sie erzeugt. Ist die Schwingung liebevoll, dann machen Sie weiter. Wenn nicht, halten Sie inne und überprüfen Sie Ihr Vorhaben.

Eine Klientin von mir in Chicago war zum Beispiel von der Idee besessen, ihre Lebensaufgabe zu finden. Als freiberufliche Journalistin im Bereich des »sinnlosen Yuppie-Materialismus« – wie sie es selbst nannte – schimpfte sie auf sich selbst und auf ihr Leben. Also hörte sie mit dem Job auf und bewarb sich um eine Tätigkeit bei einem großen Wohlfahrtsverband.

In der Zeit nach ihrer Bewerbung und vor Antritt ihrer Tätigkeit hörte ihr Ego auf, sie zu belästigen. Stattdessen stolzierte sie herum wie ein Pfau. Endlich konnte sie sagen, dass sie etwas tat, was wirklich Bedeutung hatte – zumindest bis klar war, wofür sie letztendlich eingeteilt wurde: Statt die Kinder in Afrika vor Aids zu retten, sollte sie im ländlichen Texas eine kleine Fahrbibliothek leiten. Kein Ruhm, keine Ehre, keine Abenteuerromantik. Es war eine ziemlich langweilige Tätigkeit, und die Leute dieser Gegend waren arm und häufig alkohol- oder medikamentensüchtig. Es widerte sie an. Egal wie hoch ihr Ego ihre Selbstlosigkeit lobte – ihr Herz blieb unberührt. Es trat sogar das Gegenteil ein: Sie hasste jede Minute dieses Jobs, und traurigerweise hasste sie auch die Menschen, die ihr dort begegneten: Es waren uninteressierte, ungebildete Leute. Sie wurde immer ärgerlicher und frustrierter.

Zwar arbeitete sie die zwei Jahre ab, zu denen sie sich verpflichtet hatte, aber sie litt darunter, und statt das Elend der Menschen dort zu mindern, vermehrte sie es dadurch nur.

Nun, so geht das mit den Wegen des Ego. Als wir uns das letzte Mal sprachen, schüttelte sie den Kopf und meinte: »Ich war mir ganz sicher, dass das meine Lebensaufgabe ist. Es klang so gut.«

Jetzt hat sie einen kleinen Laden für Badezimmer- und Körperpflegeartikel in einer netten Gegend von Chicago und schreibt Kindergeschichten. Sie ist nicht mehr eine griesgrämige Sozialarbeiterin, sondern organisiert jede Woche eine Kinderbuch-Vorlesestunde in einer nahe gelegenen Buchhandlung, veröffentlicht ihre eigenen Geschichten und hat das Gefühl, auf ihre bescheidene Weise zur Freude in der Welt beizutragen.

Der Punkt ist, dass Sie Ihren Lebenssinn nicht außerhalb von sich finden. Sie kommen ihm nur auf die Schliche, wenn Sie Ihr Herz öffnen, sich mit dem verbinden, was Sie lieben, und andere daran teilhaben lassen. In der großen Gleichung des Lebens werden alle unsere Bedürfnisse erfüllt, wenn jeder von uns seine eigenen Gaben zum Ausdruck bringt.

Bevor Sie hierher gekommen sind, haben Sie sich mit Gott unterhalten und gemeinsam mit ihm Ihre Gaben ausgewählt. Keine ist mehr oder weniger wert als die andere. Auf der göttlichen Ebene ist jedes Geschenk großartig, das aus Liebe entsteht und mit Liebe gegeben wird.

Ihre Gabe kann sein, Musik zu machen, mathematische Gleichungen zu lösen, neue Biotreibstoffe zu erfinden, Kindern Geschichten vorzulesen, den Rasen zu mähen oder Müll einzusammeln. Das Ego unterteilt diese Tätigkeiten in mehr oder weniger bedeutende, aber der GEIST tut das nicht. Der göttliche GEIST weiß: Alles was aus Liebe entsteht, ist wichtig – und jede liebevolle Tat trägt zum Wohl des Ganzen bei. Aus göttlicher Sicht sind alle Gaben gleich. Ihre Gaben anzunehmen, hoch zu schätzen und dann in die Welt zu bringen, ohne sich von Ihrem Ego behindern zu lassen – das ist eines der größten und einfachsten Geheimnisse, um Ihren GEIST zu leben und zu lieben.

Was lieben Sie? Andere an dem teilhaben zu lassen, was Sie lieben – das ist Ihr Lebenssinn.

Die Praxis: Schöpferisch sein

Der höchste, freudvollste Ausdruck des göttlichen GEISTES entsteht durch Kreativität. Nichts hat mehr Kraft. Nichts ist selbstliebender. Und nichts ist lohnender. Es spielt keine Rolle, was Sie erschaffen, solange es Ihr Leben schöner und befriedigender macht, denn alle Kreativität ist GEIST in Aktion.

Der Ego-Geist kann nicht schöpferisch sein, nur der innere GEIST ist es. Das Einzige, was das Ego manifestiert, sind Drama und Frustration – was Sie und alle um Sie herum erschöpft und unglücklich sein lässt. Drama ist der billige, kraftlose Ersatz für echten kreativen Ausdruck: Am Ausmaß von Drama in Ihrem Leben können Sie erkennen, ob Sie in der wundervollen Frequenz des göttlichen GEISTES sind oder sich von der Schwingung des Ego-Geistes verschlingen lassen.

Wenn Sie zum Beispiel häufig streiten, sich an Ihrem Arbeitsplatz oft schlecht behandelt fühlen, viel Zeit damit verbringen, sich über die Kommentare anderer aufzuregen, leicht beleidigt sind und oft verkünden, Sie hätten keine Wahl im Leben, dann leben Sie im Drama. Das Gleiche gilt, wenn Sie auf Veränderungen überreagieren oder sich mit Groll aufhalten, weil die Dinge so sind, wie sie sind. Wenn Sie mehr Zeit mit der Frage verbringen, was in Ihrem Leben falsch ist, statt sich darauf zu konzentrieren, was darin richtig ist, kultivieren Sie Ihr Drama.

In unserer Kultur hat man uns die Kreativität oft verleidet. Wir leiden unter »Kreativitäts-Monstern«, wie meine Freundin Julia Cameron, Autorin des Buches »Der Weg des Künstlers«, sie nennt: Stimmen der Vergangenheit oder auch der Gegenwart, die uns kritisieren, angreifen, lächerlich machen und verurteilen und die es verhindern, das wir unsere Kreativität mit Freude und in Fülle ausleben. Es sind die Kunstlehrer, die uns eine schlechte Note gaben, die Musiklehrerinnen, die behaupteten, wir könnten nicht singen, die Freunde, die uns beim Tanzen auslachten, oder die Leiter der Theater-AG, die uns nicht mitspielen ließen. Es sind die Leute, die meinen, ein schöpferischer Ausdruck müsse »gut« sein, um wertvoll zu sein, und in deren Augen unser Werk öffentliche Anerkennung braucht, um als kreativ zu gelten.

Diese Kreativitäts-Monster vergessen, dass Kreativität das göttliche Recht von uns allen ist und dass alle unsere Schöpfungen Ausdruck unseres GEISTES sind. Fehlt es uns in unserem Alltag an Kreativität als Quelle von Freude und Regeneration, dann verleugnen wir unseren GEIST und er verkümmert.

Wenn wir es uns versagen, uns kreativ auszudrücken, können wir unseren GEIST nicht leben. Kreativsein ist einer der grundlegenden Wege, uns selbst zu lieben und unseren GEIST zu leben. Kreativität ist dieser Liebes- und Lebenskraft immer förderlich.

Was viele von ihrem schöpferischen GEIST trennt, ist die problematische Ansicht, man könne nur als professioneller Künstler kreativ sein. Das stimmt nicht. Kreativ sein bedeutet einfach, aus etwas bereits Existierendem etwas Neues zu schaffen.

Auch dies zählt zur Kreativität: einen Kuchen zu backen, Blumen zu arrangieren, die Möbel umzustellen oder eine neue Frisur oder Farbe auszuprobieren. Es kann so unkompliziert sein wie zu dichten, ein neues Lied zu summen, ein Kreuzworträtsel zu lösen oder ein Fenster selbst zu reparieren. Die Möglichkeiten, kreativ zu sein, sind so vielfältig, dass man sie unmöglich alle aufzählen kann. In der Regel bedeutet Kreativität einfach, mit Ihrem erfinderischen, liebevollen, schönheitsliebenden Geist in Kontakt zu kommen und ihm die Erlaubnis zum Spielen zu geben.

Meine Tochter Sabrina ist gerne in der Küche kreativ, genauso wie ihr Vater. Sie liebt Süßes, reagiert jedoch allergisch auf Zucker und Gluten. So überrascht sie uns immer wieder mit ihren zucker- und glutenfreien Kuchen, Torten und Keksen. Oft folgt sie nicht mal einem Rezept, sondern experimentiert einfach. Manche ihrer Kreationen sind köstlich, andere sind …, tja, sagen wir mal: interessant und nicht unbedingt essbar, aber Sabrina hat Spaß dabei und es erfüllt sie. Jedes Mal, wenn sie in der Schule Stress hat oder ihre Gedanken sie plagen, geht sie in die Küche, bindet sich die Schürze um und wirbelt dort wie eine verrückte Chemikerin herum, um eine weitere ungefährliche Leckerei zu erfinden.

Meine ältere Tochter ist ganz anders. Sie hat sich schon immer für Musik begeistert und bringt ihre Kreativität zum Ausdruck, indem sie Stücke aus verschiedenen CDs zusammenstellt. Sie kann sich stundenlang damit beschäftigen, und wenn sie wieder auftaucht, ist ihr Herz voller Licht.

Einer unserer Nachbarn liebt es, hinter seinem Haus zu basteln. Mit Werkzeugen und einem kleinen Radio bewaffnet, verbringt er Stunden damit, alte Lampen neu zu verkabeln, Türen abzubeizen, Stereoanlagen oder Staubsauger zu reparieren oder Fensterrahmen neu zu streichen. Als seine Frau vor ein paar Jahren nach 41 Jahren Ehe starb, wollte er vor Kummer am liebsten ebenfalls sterben.

Die Bastelei rettete ihn; sie beruhigte ihn in seiner Trauer, und sein GEIST fand Frieden. Wenn ihn der Verlust seiner Frau zu überwältigen drohte, ging er hinters Haus und bastelte an irgendetwas »Sinnlosem« herum, wie er sagte. Doch nur das Ego betrachtet so etwas als sinnlos, denn Kreativität lässt das Ego außen vor und bringt uns in die Ruhe des GEISTES.

Meine Mutter ermutigte uns nicht nur, Kreativität als einen Weg zu erkennen, uns selbst zu lieben und unseren GEIST zu leben, sondern nutzte sie auch selbst, um mit ihrem höheren Selbst und ihrer göttlichen Weisheit zu kommunizieren. Sie war auf mehreren Feldern kreativ tätig, aber am meisten liebe sie Fotografieren, Ölmalerei und Nähen.

Als Mutter von sieben Kindern, die alle kurz nacheinander auf die Welt kamen, geriet ihr Ego leicht ins Taumeln und regte sich manchmal ziemlich auf, zumal sie außerdem für die alternden Eltern meines Vaters sorgte. In solchen Situationen entschuldigte sie sich dann und zog sich zurück, verbunden mit der klaren Ansage, dass sie nicht gestört werden wollte. Und wir störten sie nicht, denn wir wussten, selbst wenn sie sich gereizt zurückgezogen hatte, kehrte sie doch immer mit guter Laune zurück.

Während sie still vor sich hin nähte, Fotos entwickelte oder malte, konzentrierte sie sich so sehr, dass ihre Gedanken zur Ruhe kamen. In der Stille hörte sie dann oft ihre innere Stimme, die sie tröstete, ihr Rat gab oder ihr die Richtung wies. In diesen langen, stillen Stunden der Kreativität entwickelte sie eine enorm starke Intuition.

Mein Mann Patrick hat von Natur aus sehr viel Energie, was es ihm manchmal schwer macht, zur Ruhe zu kommen. Unter Stress neigt er natürlicherweise dazu, sich bei der Gartenarbeit auszutoben. Beim Unkrautjäten, Blumenpflanzen oder Anlegen neuer Beetumrandungen wird er still und entspannt sich.

Wenn er ruhelos ist, neigt sein Ego dazu, Unruhe zu stiften, weil er sonst nichts mit sich anzufangen weiß. Er fängt an, zu argumentieren und zu kontrollieren, seine Nase in Dinge zu stecken, die ihn nichts angehen, und Meinungen zu äußern, die niemanden interessieren. Am Anfang unserer Ehe machte mich das verrückt. Ich fürchtete schon, er sei einfach ein Unruhestifter. Nach einer Weile erkannte ich jedoch, sein Verhalten hatte damit zu tun, dass er nicht wusste, wohin mit seiner Kreativität. Statt gegen seine Impulse anzukämpfen, versuchte ich dann, sie umzulenken: Ich schenkte ihm Pinsel, Farben und Leinwand zu Weihnachten, bat ihn, Grußkarten für Geburtstage zu entwerfen, Gedichte für meine Website zu schreiben oder uns etwas Leckeres zum Abendessen zu kochen. Und das tat er auch. Sobald sein GEIST beschäftigt war, gab es keine Nörgeleien mehr und er war glücklich.

Viele Menschen haben in schwierigen Lebenssituationen in ihrer Kreativität einen Rettungsanker gefunden. Ich kannte eine Frau, Lydia, die in Bulgarien sehr unter dem kommunistischen Regime gelitten hatte. Trotz all ihrer Verluste und Leiden konnte sie doch immer noch stricken. Und sie strickte – und entwickelte im Lauf der Zeit eine gewisse Meisterschaft darin. Als sie schließlich nach Kanada auswanderte, besaß sie kaum etwas außer den Kleidern, die sie auf dem Leib trug, und ihre Stricknadeln.

Am Anfang ging es langsam, doch schon bald konnte Lydia ihre Nadeln viele Stunden am Tag in Bewegung halten. Ihre Handarbeiten waren so schön, dass sie sich schnell und gut verkauften. Nach zwei Jahren hatte sie einen eigenen Laden und zwei Angestellte. Sie verkaufte ihre Waren und gab Kurse. »Ich liebe es, schöne Dinge zu schaffen«, erklärte sie mir, als ich sie auf einem Workshop in Toronto kennenlernte. »Mit meiner Fähigkeit, etwas zu erschaffen, bin ich reich geboren worden.«

Wow! Das war wirklich eine Aussage des GEISTES. Und ihr strahlendes Lächeln bestätigte es.

Die Mutter meines Vaters starb, als ich fünf Jahre alt war. Großmutter Antonia war voller Kreativität und Freude gewesen: Sie kochte, nähte, sang, tanzte, verschönerte das Haus und feierte gern. Weil sie so kreativ war, war sie voller Selbstvertrauen. Statt sich zu fürchten oder Mangel zu leiden, fand sie immer einen Weg, die Lücken kreativ zu füllen.

Als meine Mutter mit fünfzehn Jahren nach Amerika kam, nahm Antonia sie unter ihre Fittiche.

»Deine Großmutter hat mich gelehrt, so kreativ zu sein«, erzählte mir meine Mutter. »Sie sagte, es sei das Geheimnis zum Glück, und Gott habe jedem die Gabe der Kreativität gegeben, um uns zu unterhalten. ›Wenn jemand nicht kreativ ist‹, pflegte sie zu sagen, ›dann liegt es an seiner ungenutzten Fantasie, vielleicht auch am Selbstmitleid, aber nie daran, dass er es nicht könnte. Jeder ist kreativ.‹«

Meine Mutter nahm sich die Philosophie und das Beispiel meiner Großmutter zu Herzen. Sie zog uns mit diesem Mantra auf: Egal welche Probleme du im Leben haben magst, wisse, dass es immer eine Lösung gibt.

Ich glaubte ihr. Als ich sieben oder acht Jahre alt war, wollte ich unbedingt Sandalen haben. Wir hatten allerdings wenig Geld, sie passten nicht ins Budget. Zuerst war ich frustriert, ich tobte und weinte, um vielleicht auf diese Weise das Gewünschte zu bekommen. Doch es nutzte nichts.

Mein älterer Bruder Stefan bemerkte mein Elend. »So kriegst

du deine Sandalen nicht«, meinte er trocken, »also kannst du auch aufhören zu jammern, es hört eh keiner zu. Warum machst du dir nicht selber welche?«

»Wie denn?«, fragte ich und wischte mir die Tränen ab.

»Keine Ahnung«, meinte er, »musst du selbst herausfinden.« Und fort war er.

»Hm«, dachte ich, »vielleicht geht das ja.« Ich wandte mich an meinen Bruder Bruce, der immer sehr erfinderisch war, und wir machten uns an die Arbeit. Wir fanden einen festen Karton, alte, dicke Schnur und Klebeband. Es dauerte fast drei Tage, bis wir unser Modell perfektioniert hatten, aber wir schafften es: Ich hatte ein paar kartonbesohlte Sandalen, die mit Schnur und Klebeband an meinen Füßen befestigt waren. Ich konnte sie zwar nicht ausziehen, aber das machte nichts – ich wollte es auch gar nicht. Eine Woche lang trug ich sie ununterbrochen. Ich schlief damit, badete und ließ dabei die Füße über den Rand hängen und stolzierte damit durch die gesamte Nachbarschaft.

Einige Wochen später tippte mir meine Mutter auf die Schulter. »Komm«, sagte sie, »wir fahren zum Einkaufen.«

»Wozu?«, fragte ich überrascht.

»Um dir richtige Sandalen zu kaufen.« Sie lächelte mich an.

»Aber ich mag meine Sandalen«, erwiderte ich. »Ich will keine neuen.«

Wir waren beide überrascht: sie, weil sie angenommen hatte, dass ich unbedingt neue Sandalen wollte; und ich, weil mir die selbst gebastelten solche Freude bereiteten. Also gingen wir stattdessen zusammen Limonade trinken.

Schöpferisch tätig sein ist ein wichtiges und gleichzeitig einfaches Werkzeug, um sich selbst zu lieben und den GEIST zu leben. Sobald Sie merken, dass Ihnen die verstörten Energien Ihres Ego die

Freude verderben, halten Sie möglichst inne und tun Sie etwas Kreatives!

Das Wichtigste ist, dass Sie denken: »Ich bin kreativ!« Dabei bringen Sie sich in Einklang mit dem göttlichen GEIST und der Lösung statt mit dem Ego und dem Problem.

Machen Sie es sich zu einer spirituellen Praxis, jeden Tag kreativ zu sein. Menschen mit kreativen Hobbys wissen, was das wert ist. Es sind tägliche Berührungspunkte mit Ihrem GEIST. Sie müssen dafür kein Picasso sein. Sie müssen nicht »gut« sein in dem, was Sie tun. Es geht nicht darum, es irgendwie zu beurteilen, es geht darum, sich daran zu erfreuen. Also nur zu!

7. Schritt

Erinnern, was man liebt

Worum es geht: Erinnern, was man liebt

Dieser Schritt hilft Ihnen, sich an Ihren GEIST zu erinnern und sich bewusst mit der Schönheit und Freude zu verbinden, die er verströmt. Die praktische Übung in diesem Kapitel stellt Ihnen das fröhliche Lied Ihres GEISTES vor, das Sie unmittelbar von der schweren Last des Ego befreien kann, sodass Sie an sich selbst und am Leben wieder Freude haben.

An einem Samstagabend gaben wir eine große Party, um mehrere Familiengeburtstage gleichzeitig zu feiern. Da es teilweise runde Geburtstage waren, sollte es ein richtiges Fest werden. Wir mieteten Tische, bestellten Essen bei einem Caterer und baten einen Nachbarn, der einen der besten Nachtklubs von Chicago besitzt, unser DJ zu sein. Wir luden alle ein, die wir kannten; die Altersspanne der Gäste lag zwischen 7 und 87, und wir hatten eine tolle Zeit.

Nach dem Abendessen wurden die Tische beiseite geräumt, Lautsprecher aufgestellt und unser Wohnzimmer in eine Disco verwandelt.

Unser Freund Terry hatte seinen 83-jährigen Vater mitgebracht, und dieser war in Begleitung seiner 78 Jahre alten Partnerin Thea gekommen. Sobald die Musik anfing, sprang Thea auf und tanzte; sie tanzte mit derselben Begeisterung und Hingabe wie die anwesenden Jugendlichen.

Nachdem sich alle ausgetobt hatten und den Geburtstagskuchen genossen, kam Thea freudestrahlend zu mir. »Hat das Spaß gemacht! Ich hatte ganz vergessen, wie gern ich tanze!« Dann schwebte sie zurück zu George, gab ihm einen Happen von ihrem Kuchen und einen Kuss. Es war offensichtlich: Ihr GEIST liebte das Fest, und vor allem liebte sie sich selbst von ganzem Herzen.

Als das Haus nach dem Fest wieder in seinen normalen Zustand zurückverwandelt war, dachte ich weiter über Theas Bemerkung nach. »Es stimmt«, dachte ich bei mir, »wir vergessen so leicht, was wir lieben, was unseren GEIST belebt und was uns mit Freude und Selbstliebe erfüllt.«

Ich weiß jedenfalls, dass es mir so geht. Ich vergesse, wie viel Freude es mir macht, meine Eltern zu sehen, mit meinem Mann Fahrrad zu fahren oder mich mit guten Freunden zu treffen. Ich vergesse auch, wie sehr ich mich selbst und mein Leben liebe – und wie ich bin, wenn ich die Dinge tue, die mich spirituell erfüllen.

Warum sind wir fähig, zu vergessen, was wir lieben und was uns wohltut? Warum sind diese Dinge nicht unsere höchsten Prioritäten? Weil uns beigebracht wurde, zu glauben, es sei selbstsüchtig, etwas zu tun, nur weil es uns glücklich macht. Es ist das alte puritanische Ethos, Leiden sei gut für die Seele. Ich halte das für großen Unsinn!

Als ich Thea vor Freude strahlen sah und beobachtete, wie sie überschäumend vor Zuneigung Georges Hand drückte, erinnerte ich mich wieder daran, wie unentbehrlich es für unseren GEIST ist, uns mit dem zu verbinden, was wir lieben und was uns liebt. Für unsere Selbstliebe und unser Wohlbefinden ist es von essenzieller Bedeutung.

Das wurde mir vor einigen Jahren besonders bewusst, als mich eine mir unbekannte Frau aus Omaha anrief und um eine telefonische Beratung bat. Sie stellte sich vor und erzählte mir, sie habe Brustkrebs im Endstadium und werde demnächst sterben.

»Ich bin realistisch«, sagte sie. »Ich suche nicht nach einer Wunderheilung. Ich weiß, dass ich nicht mehr lange zu leben habe. Aber vielleicht suche ich trotzdem nach einem Wunder. Ich möchte gerne in Frieden sterben und finde keinen Weg dahin, denn ich habe vergessen, mein Leben zu leben – das Leben, das ich gerne gelebt hätte. Stattdessen habe ich das Leben der anderen gelebt, das Leben, das die Menschen um mich herum gut fanden. Ich war in jeder Hinsicht hervorragend: die beste Pfadfinderin, die ideale Ehefrau … Ich war Elternsprecherin und bin jeden Samstag mit meinen Söhnen zum Fußball gegangen. Ich war bekannt für meine wundervollen Grillpartys und bin eine gute Großmutter und Nachbarin. Alles was bei anderen Beifall erzeugt, habe ich getan. Und alle waren von mir begeistert – außer ich selbst. Tatsache ist, ich kann mich überhaupt nicht mehr ausstehen, weil ich mich fühle wie eine Fälschung. Ich habe nie getan, was ich eigentlich tun wollte – zum Beispiel nach Rom reisen oder mit Ölfarben malen oder mit dem Fahrrad Iowa durchqueren. Ich habe mein Leben verpasst, weil ich es immer den anderen recht machen wollte, und jetzt ist es zu spät! Ich bin ans Bett gefesselt. Was kann ich jetzt bloß noch tun, um in Frieden zu sterben? Können Sie es mir sagen?«

Ihr Herzeleid und ihr tragischer Bericht trafen mich zutiefst. Ich schwieg und betete. Dann bat ich mein höheres Selbst und meine himmlischen Helfer um Rat. Wie konnte diese Frau an dieser Stelle ihres Lebens Selbstliebe finden? Was muss sie wissen …, was müssen wir alle wissen?

Einen Moment später wusste ich die Antwort: Ich sollte ihr

raten, ihren GEIST laut zum Ausdruck zu bringen und die ihr verbleibende Zeit und Energie zu nutzen, um nur über das zu reden, was sie liebte.

»Sagen Sie den Menschen um Sie herum jeden Tag, was Sie lieben«, empfahl ich ihr. »Erzählen Sie ihnen, was Sie glücklich macht, was Sie freut, was Sie gerne essen mögen, welche Düfte Sie lieben, welche Blumen Ihnen besonders gefallen, welche Filme Ihnen Spaß machen. Teilen Sie ihnen alles mit, was Ihrem GEIST Freude bringt. So werden Sie zurückfinden zu Ihrem authentischen Selbst und den Frieden und die Liebe zu sich selbst finden, nach denen Sie sich sehnen.«

Sie schwieg und ich spürte, dass sie über meine Worte nachdachte. »Das schaff ich«, antwortete sie schließlich. »Genau genommen würde ich es lieben, das zu tun.« Und dann hörte ich einen tiefen Seufzer der Erleichterung und sie beendete das Gespräch.

Nachdem ich aufgelegt hatte, wurde mir klar: Dieses Gespräch war mein Geschenk des Tages gewesen. Diese Frau hatte mich darauf aufmerksam gemacht, wie viel auch ich um des Beifalls willen tat und wie oft ich Dinge, die andere beglückten, wichtiger nahm als das, was ich gerne tat. Ich erkannte, wie leicht es uns zur Gewohnheit wird, uns am Applaus der anderen zu orientieren und das zu vernachlässigen, was wir lieben. Ich merkte, dass ich im gleichen Boot saß wie sie.

Um das Geschenk dieser Frau zu würdigen, beschloss ich, meinem GEIST mehr Aufmerksamkeit zu schenken und über das, was ich liebe, zumindest mehr zu reden. Mein guter Rat für sie war auch für mich ein guter Rat.

Ich lud meine Familie und meine Freunde zu diesem Spiel ein, indem ich vorschlug, wir könnten uns bei unseren Gesprächen am Abendbrottisch auf das konzentrieren, was uns glücklich macht.

Zum Glück gefiel allen die Idee, und eine neue Tradition wurde gegründet: Wir unterhielten uns von da an übers Reisen, Einkaufen und Fahrradfahren, über Familientreffen, Schiffe, Filme, Natur, Witze, Freunde, Patricks Kochkünste, besondere Feste und über sämtliche andere Vorlieben unseres GEISTES.

Das Erste, was mir im Zusammenhang mit unserem Experiment auffiel, war, wie erfüllend und befriedigend unsere Abendessen wurden. Ich freute mich auf sie und bemühte mich, dabei zu sein. Als Nächstes bemerkte ich, wie stark meine Liebe zu mir selbst nach den Mahlzeiten war. Wenn ich vom Tisch aufstand, fühlte ich mich satt, nicht nur im Magen, sondern auch in meinem fröhlichen GEIST. Das zeigte mir, wie allein die Anerkennung dessen, was ich liebe, mich mit Selbstliebe erfüllt!

Im Lauf der Zeit verschob sich der Fokus unserer Gespräche und umfasste nicht nur unsere allgemeinen Vorlieben, sondern auch die Dinge und Szenen, die wir am jeweiligen Tag besonders gerne gemocht hatten. Und noch faszinierender war, dass sich auch unser Verhalten änderte. Immer mehr folgten wir unserem GEIST und brachten zum Ausdruck, was wir lieben.

Meine Tochter Sonia zum Beispiel liebt es, zu singen. Kurze Zeit, nachdem wir unsere Tradition der »Liebes-Abendessen« gegründet hatten, begann sie, immer öfter lauthals ihre Lieblingslieder durchs Haus zu schmettern.

Patrick, der gerne kocht, betrachtete die Zubereitung des Abendessens allmählich weniger als eine zu bewältigende Aufgabe, sondern als eine Gelegenheit, seine Kreativität auszuleben, und freute sich oft schon darauf, uns seine neuesten Kreationen zu präsentieren.

Und Sabrina, die sich für Mode und Design interessiert, erschien in immer raffinierteren Outfits zum Abendessen.

Ich veränderte mich ebenfalls. Ich liebe Rock 'n' Roll, die Achtziger und das Tanzen. Kurz nachdem wir unsere Abendessentradition in Gang gesetzt hatten, begann ich, diese Elemente in meine Workshops zu integrieren. Nach kurzer Zeit tanzte meine Welt mit mir und das Arbeiten machte deutlich mehr Spaß. Es waren subtile und einfache Veränderungen.

Um sich zu lieben, brauchen Sie sich nur an das zu erinnern, was Sie lieben, und es zu verkünden. Reden Sie häufig davon, mit sich selbst und mit anderen. Damit bewirken Sie eine Kurskorrektur und bringen sich zu Ihrem wirklichen Selbst zurück. Es nährt Sie. Es hilft Ihnen, aufzutanken. Und es verschafft Ihnen Freude – was zu den besten selbstliebenden Phänomenen gehört.

Es gibt andere einfache Möglichkeiten, sich mit dem zu verbinden, was Ihr GEIST liebt: Sie können eine Liste aufstellen und alles notieren, was Ihnen Freude bereitet und kostbar ist. Ich tue das oft vor dem Zubettgehen oder auf Langstreckenflügen. Oder ich schreibe solche Listen mental, wenn ich irgendwo in einer Warteschlange stehe. Ich habe sogar ein besonderes Notizbuch dafür: mein »Was ich liebe«-Büchlein.

Sie können die Sache auch noch einen Schritt weiter treiben und per Tonaufzeichnungen festhalten, was Sie lieben. Die großartige Astrologin Erica Trojan hat mir einmal gesagt, nichts sei machtvoller für uns als der Klang unserer eigenen Stimme, und ich glaube es ihr.

Vor einigen Jahren habe ich mir von der Firma Holosync eine Subliminal-Aufnahme mit meiner eigenen Stimme machen lassen. Ich hatte Ängste, vor großem Publikum aufzutreten, also machte ich eine Aufnahme, in der ich mir selbst sagte: »Ich liebe es, zu einem großen Publikum zu sprechen.« Offenbar hat es funktioniert, denn heute liebe ich es wirklich, vor großem Publikum aufzutreten, genauso wie ich es liebe, mit einem großen Publikum zu tanzen – was ich fast immer tue, wenn sich die Gelegenheit bietet.

Ich arbeite mit Mark Welch, einem Musiker, zusammen, der unter anderem individuelle CDs herstellt, um Menschen darin zu unterstützen, sich mithilfe ihrer eigenen Stimme auf das zu konzentrieren, was sie lieben. Über die Stimmaufnahmen legt er dann eine individuelle Musik. So eine CD oder eine einfache, zu Hause hergestellte Aufnahme Ihrer eigenen Stimme, die Ihnen erzählt, was Sie lieben, dient als hervorragende Erinnerung daran, was Ihnen Freude macht, und korrigiert Ihren Kurs auf Ihren authentischen GEIST hin. Viele meiner Klienten konnten sich auf diese Weise sehr erfolgreich mit Ihrem GEIST verbinden und hören diese Aufnahmen jeden Tag.

Auch ich höre oft meine Aufnahmen. Ich stelle fest, dass ich mich in ungefähr 30 Sekunden besser, leichter und fröhlicher fühle, egal wie es mir vorher ging. Ich fange an, mich in meiner Haut wohlzufühlen und mich zu lieben.

Dass Sie zu sich selbst zurückkehren, ist das Wichtigste an der Aufzählung dessen, was Sie lieben – sei es durch Listen, Tonaufnahmen oder im Gespräch mit Freunden. Sie gewöhnen es sich damit an, Ihren GEIST zu erinnern und ihm treu zu bleiben. Das ist eine Liebestat für Sie selbst und für alle Menschen in Ihrem Leben.

Die Tochter jener Frau, die an Brustkrebs erkrankt war, rief mich übrigens vier Monate später an. Sie sagte: »Ich weiß nicht, was Sie meiner Mutter gesagt haben, aber es hatte eine wundervolle Wirkung auf sie. Sie hat sich völlig verändert und erzählte plötzlich Dinge, die ich nie von ihr gehört hatte und über die ich mich sehr freute. Obwohl sie sehr krank war, lebte sie auf. Sie entspannte sich, lachte häufiger und schien weniger zu kämpfen. Und zu unser aller Überraschung war sie im Frieden mit sich, als sie starb. Und wir waren es auch.«

Die Praxis: Lachen

Lachen ist die Stimme des GEISTES. Wenn Sie lachen, singt Ihr GEIST und Sie bringen sich in Einklang mit dem Himmel. Lachen befreit Sie vollständig von allen Ego-Verbindungen und badet alle Ihre Zellen im Licht Gottes. Es hellt Sie energetisch auf.

In der westlichen Kultur halten wir Lachen nicht für spirituell. Wir sind von Bildern des leidenden, gekreuzigten Christus geprägt, nicht von jenen des zu neuem Leben Auferstandenen. Leiden und Schmerzen stehen in unserer spirituellen Weltsicht ganz weit vorne. Lachen gilt als frivol und überflüssig und wird oft als respektlos abgetan.

Während ich dies schreibe, erinnere ich mich an meine Kindheit in einer katholischen Schule. Lachte ich über eine meiner Nonnen-Lehrerinnen, musste ich zur Strafe in der Ecke stehen. Von all den Missetaten, die wir in der Klasse begehen konnten, galt Lachen als die schlimmste.

Bobby, unser Klassenclown aus der dritten Klasse, der alle laut zum Lachen brachte, wurde deswegen sogar von der Schule verwiesen. Heute verstehe ich zwar, dass die Lehrer versuchten, ihre Arbeit zu tun, aber es ist absurd, zu glauben, man könne in einer humorlosen, angsterfüllten Umgebung besonders gut lernen. Ich weiß bis heute manche von Bobbys Witzen und kann immer noch darüber lachen – während ich mich an kaum eine Aussage meiner freudlosen, grimmigen Lehrerinnen von damals erinnere; genau genommen möchte ich das auch gar nicht.

In anderen Kulturen ist Humor viel besser in die spirituelle Landschaft integriert und gilt als wichtiges Element für eine spirituelle Gesundheit. Wir kennen den lachenden Buddha oder den verspielten, trickreichen Affengott Hanuman der Hindus, die lächelnde Quan Yin des Fernen Ostens, und bei den nordamerikanischen Ureinwohnern verehrt man die Spielfreude des Otters. Im Hasya-Yoga – Lachyoga oder Yogalachen – spielt das Lachen eine herausragende Rolle.

Lachen ist nicht nur gut für den GEIST, sondern auch Ausdruck dessen, dass unser GEIST gut zu uns ist. Der göttliche GEIST ist fröhlich und leichten Herzens. Lachen bringt Licht ins Herz und in die Zellen, und das wirkt heilend.

Heutzutage folgen Tausende von Menschen erfolgreich dem Beispiel des bekannten politischen Journalisten Norman Cousins, der sich vor vielen Jahren von Krebs heilte, indem er in einen ständigen Fluss von lustigen Filmen, Witzbüchern und spaßigen Geschichten eintauchte. Diese Menschen sind davon überzeugt, Humor habe sie von zahllosen Krankheiten und Leiden geheilt. Lachen ist heilsam.

Ihren Sinn für Humor zu verlieren bedeutet, den Kontakt mit Ihrem GEIST zu verlieren. Ihn zu behalten ist der größte Sieg des GEISTES über die Materie. Ich bin immer wieder tief beeindruckt von dem Humor, den viele Überlebende traumatischer Erlebnisse beweisen.

Meine Mutter hat als Kind im Zweiten Weltkrieg so Schlimmes erlebt, dass es einem das Herz brechen könnte. Im Alter von zwölf Jahren hatte sie ihre gesamte Familie verloren und war in einem Kriegsgefangenenlager gelandet. Später wurde sie durch ein rheumatisches Fieber und den Sturz von einem Pferd taub. Und doch hat sie sich einen absolut brillanten Sinn für Humor bewahrt.

Wenn es in unserer Familie irgendein Drama oder Trauma gab, folgten die Witze in kurzem Abstand. Das Motto meiner Mutter war immer: Die Situation mag kritisch sein, aber nie ernst. Angesichts dessen, was sie in ihrem Leben durchgemacht hat, glaube ich ihr. Ich habe das inzwischen auch zu meinem Lebensmotto gemacht.

Es bedarf einer gewissen Übung und Disziplin, dem Lachen im Leben eine wichtige Position einzuräumen. Schließlich wird es, wie gesagt, in unserer Gesellschaft nicht gerade gefördert. Doch Ihre Lachmuskeln wollen genauso regelmäßig trainiert werden wie Ihre anderen Muskeln. Es ist also sinnvoll, proaktiv vorzugehen und einen möglichst starken Sinn für Humor zu entwickeln.

Beginnen Sie damit, über sich selbst zu lachen, über Ihr übereifriges, ernsthaftes, selbstzentriertes Ego. Treten Sie einen Schritt zurück und beobachten Sie seine verzweifelten Versuche, die Welt zu kontrollieren und andere für seine Sache zu gewinnen. Bemerken Sie die verschiedenen Sprüche und Manöver, die das Ego einsetzt, um seinen Zielen Nachdruck zu verleihen. Meines wird dann gerne laut und entrüstet. Das Ego meiner Tochter Sonia macht sie verwirrt und lässt sie dramatisch aus dem Raum stolzieren. Patrick wird stoisch und leidet schweigend. Sabrina kriegt einen Anfall und versetzt uns alle in Angst und Schrecken.

Jeder von uns hat seine eigene Art, mittels Drama, Theater, Manipulation und Leiden zu versuchen, vom Leben das Gewünschte zu erhaschen. Wenn Sie einen Schritt zurücktreten und sich dieses Verhalten aus der Sicht des göttlichen GEISTES betrachten, müssen Sie zugeben, es ist ziemlich komisch. Lachen Sie darüber – es hebt die Stimmung!

Falls Sie nicht über sich selbst lachen können, haben Sie keine Chance, im göttlichen GEIST zu verweilen. Dann sind Sie die

Geisel Ihres Ego und dürfen mit nichts anderem als Leiden rechnen, denn das Ego kann nur Leiden erzeugen. Auch wenn Sie sich selbst sehr ernsthaft vorkommen, können Sie sicher sein, dass alle, die nicht von Ihrem Drama absorbiert sind, das Lächerliche daran erkennen. Seien Sie also lieber der Erste, der den Witz darin sieht.

Wenn ich Ihnen rate, über sich zu lachen, meine ich nicht: auf eine gemeine, unfreundliche Art. Ich empfehle Ihnen nur eine objektive Sicht der Dinge. Erheben Sie sich über Ihr emotionales, vom Ego motiviertes Leiden und betrachten Sie es von außen.

Der beste Weg, über sich zu lachen, besteht darin, der Erste zu sein, der Ihre eigenen Verletzlichkeiten aufdeckt. Kommen Sie den anderen zuvor, indem Sie Ihre Fehler, Peinlichkeiten, Enttäuschungen und unglücklichen Manöver gegenüber anderen anmerken, und lassen Sie nicht zu, dass sich Ihr Ego hinter der Angst, unvollkommen zu sein, versteckt.

Je schmerzhafter die Erfahrung, desto dringender brauchen Sie es, darüber zu lachen. Einer meiner Mentoren hat einmal gesagt: »Lachen macht dem Teufel Beine«, nämlich der Welt der falschen Erscheinungen und der Illusionen des Ego. Lachen befreit Sie auch aus dem Würgegriff der Angst, und schon das allein ist der Himmel auf Erden. Und Lachen bringt Segen. Es ist ansteckend und lockt bei jedem das Göttliche hervor.

Vor dreißig Jahren reiste ich mit einer Freundin durch Frankreich. Wir kamen um Mitternacht in Marseille an und hatten keine Ahnung, wohin wir gehen sollten. So gerieten wir zufällig in ein dubioses Viertel und befanden uns plötzlich mitten in einer Straßenprügelei. Erschreckt schreiend rannten wir weg und wurden wenige Minuten später von der Polizei aufgegriffen und in den Mannschaftswagen verfrachtet. Verängstigt und schockiert fing ich auf einmal an zu lachen. Mein Geist fand alles so absurd.

Ich konnte mit der Situation nur noch fertig werden, indem ich lachte, und ich konnte nicht mehr damit aufhören. Schließlich musste auch meine Freundin kichern, und kurz darauf lachten die Polizisten ebenfalls mit.

Eine Weile lachten alle so sehr, dass niemand mehr sprechen konnte. Danach waren die Polizisten davon überzeugt, dass wir einfach zwei dumme Touristinnen waren. Einer nahm uns sogar zu seiner Familie mit, damit wir dort übernachten konnten. Die Engel selbst hätten es nicht besser einrichten können, und wenn ich darüber nachdenke, meine ich, es ist vielleicht tatsächlich von ihnen so arrangiert worden. Mit den Polizisten bin ich bis heute befreundet. Durch unser Lachen entstand eine Verbindung im GEIST.

Über sich selbst zu schmunzeln lädt andere ein, es Ihnen nachzutun. Je bereitwilliger Sie lachen, desto schneller kommen Sie in die hohe Frequenz des GEISTES. Wie gesagt, Lachen ist ansteckend. Statt sich auf der Ebene »Angstvolles, kontrollierendes Ego begegnet angstvollem, kontrollierendem Ego« zu treffen, kommunizieren Sie von GEIST zu GEIST. Ego zu Ego ist ein unsicherer Ort; es bedeutet: »Ich gegen dich.« GEIST zu GEIST ist sicher, weil wir im göttlichen GEIST alle eins sind. Wenn Sie lachen, werden Sie also nicht nur selbst heil; Sie werden auch zum Heiler.

Um Ihre Lachmuskeln zu entwickeln, ist es hilfreich, sich eine Bibliothek amüsanter Ressourcen aufzubauen, auf die Sie zurückgreifen können, wenn es in Ihrem Leben eng wird. Diese »Lach-Bibliothek« kann Filme, Fernsehshows und Bücher, Comics, Zeitschriften und lustige Internetseiten umfassen. Beginnen Sie damit, eine Liste Ihrer zehn bis zwanzig komischen Lieblingsfilme aufzustellen, die Sie anschauen können, wenn Sie herzhaft lachen wollen. Besorgen Sie sich möglichst die DVDs, damit Sie sie immer zur Hand haben.

Während das Ego Sie im Griff hat, wird Ihnen nämlich kein komischer Film einfallen. Deshalb ist es klug, vorbereitet zu sein. Sie können auch Freunde fragen, welche lustigen Filme sie am liebsten sehen, nicht nur um Ihre Bibliothek zu ergänzen, sondern auch um ein nettes Gesprächsthema zu haben. Das ist besser als die gewohnte Litanei über x Schwierigkeiten, in die das Ego so gerne verfällt.

Der Trick liegt darin, das Lachen dem Leiden vorzuziehen. Statt sich im Selbstmitleid zu suhlen, können Sie sich entscheiden, auch in den dunkleren Augenblicken des Lebens den Humor zuerst zu Rate zu ziehen.

Wenn Sie merken, dass Sie sich besonders tief im Ego-Denken verfangen haben, können Sie mit dem Ego verhandeln, dass Sie zuerst eine Weile leiden und sich dann dem Humor zuwenden. Angenommen, Sie haben eine schlechte Nachricht erhalten oder einen besonders schwierigen Tag hinter sich: Dann gönnen Sie sich erst einmal eine halbe Stunde echten Jammerns und Klagens – und danach genießen Sie zum Ausgleich eine halbe Stunde Spaß.

Es erfordert echte Disziplin, sich an diese Formel zu halten. Dem Ego wird nämlich nicht zum Lachen zumute sein; außerdem werden die Menschen in Ihrer Umgebung Sie wahrscheinlich eher im Leiden als im Lachen unterstützen. Vielleicht beschuldigt man Sie sogar, Sie versuchten mit Ihrem Humor nur der Realität zu entfliehen. Wenn dem so ist, können Sie es ruhig zugeben! Natürlich nutzen Sie Ihren Humor, um dem Griff des kontrollierenden, freundlosen, jammernden Ego zu entkommen. Warum sollte man sich nicht davon befreien wollen? Gott sei Dank kann man sich durch Lachen daraus lösen. Dafür hat der Schöpfer das Lachen ja erschaffen.

Von Zeit zu Zeit müssen wir den Dramen des Lebens auf

gesunde Art entfliehen, und das Lachen ist der richtige Weg dafür. Bereiten Sie sich also vor – sowohl mit den passenden Lach-Werkzeugen (wie Bücher, Filme) als auch mit der nötigen Disziplin –, um die inneren und äußeren Widerstände zu überwinden. Verkünden Sie sich selbst und anderen, Lachen sei für Sie eine wichtige spirituelle Praxis. Wirken Sie darauf hin, sich häufiger für Komödien als für Dramen zu entscheiden. Beenden Sie die Leidenssucht. Laden Sie lustige Bildschirmschoner auf Ihren Computer. Hängen Sie Witzpostkarten im Haus auf. Lesen Sie lustige Bücher – natürlich nicht nur, aber in einem gesunden Maß, um die Last der Welt auszugleichen.

Üben Sie, das Leben leicht zu nehmen. Humor und Witz trainieren das Gehirn. Lachen Sie häufig laut, auch wenn Ihnen nicht danach ist. Selbst gezwungenes Lachen wird im Lauf der Zeit zu einem echten. Und ein falsches Lachen ist besser als gar keines. Es macht Ihnen vielleicht auch bewusst, wie sehr Ihr Ego Sie im Griff hat, wenn es Ihnen so den Humor verschlägt. Wenn Sie Lachen vortäuschen, ist Ihr GEIST zumindest im Begriff, sich freie Bahn zu verschaffen.

Ich habe kürzlich eine Sendung mit Oprah zum Thema Glück gesehen. Oprahs Make-up-Künstler trat auf und erzählte, wie elend er sich fühle, weil gerade eine wichtige Beziehung in die Brüche gegangen war; er könne kaum aufhören zu weinen.

Dann nahm er an einer Gruppe teil, in der die Leute um des Lachens willen lachten. Am Anfang war er voller Widerstand, Kritik und Unlust. Sein Ego war überhaupt nicht in der Stimmung, fröhlich zu sein, und dieses künstliche Lachen ging ihm mächtig auf die Nerven.

Doch irgendwann ließ er sich darauf ein und probierte es halbherzig aus – und zu seiner Überraschung sprang der Geist der

Gruppe auf ihn über: In weniger als einer Viertelstunde lachte er wirklich und hatte Spaß.

Wie alle anderen Ausdrucksformen des GEISTES ist auch das Lachen ansteckend. So schaffte es der Mann nicht mehr, angesichts dieser kollektiven Schwingung der Freude in seinem Elend zu verharren. Er ließ seine Verzweiflung hinter sich und stimmte lachend und fröhlich mit ein.

Als die Gruppe zu Ende, hatte er seine Sorgen vergessen. Zu seiner großen Überraschung fühlte er sich hervorragend. Er musste sich richtig anstrengen, um sein Leiden wieder ins Gedächtnis zu rufen. Er schaffte es, aber er musste sich bemühen.

Beim Lachen übernimmt der GEIST die Führung in Ihrem Leben. Es bedeutet Freiheit vom Ego. Es verführt zur göttlichen Sicht der Dinge und ist die beste Medizin, die Sie haben.

Über und mit dem Leben zu lachen – das bedeutet, Ihren GEIST vollständig zu leben. Es ist einer der am höchsten beseligenden Akte der Selbstliebe, die Sie wählen können. Üben Sie, laut zu lachen, einfach um des Lachens willen. Erinnern Sie sich, wie Sie als Kind mit Ihren Freunden versuchten, andere zum Lachen zu bringen, indem Sie selbst wie verrückt lachten? Damals hat es funktioniert. Es funktioniert auch heute noch!

Die Lehren des Lebens
mit Anmut annehmen

Worum es geht: Die Lehren des Lebens mit Anmut annehmen

Dieser Schritt räumt mit der Illusion auf, Selbstliebe und Freude im Leben seien nur möglich, wenn es keine Probleme gibt. Die praktische Übung »In Bewegung bleiben« klärt den dicken, schweren Nebel der emotionalen Angst und Sorge. Sie werden mit dem Bemühen aufhören, Zuneigung zu erringen, und anfangen, die bedingungslose Liebe zu spüren, die Ihr GEIST und Gott immer für Sie haben, jetzt und in Ewigkeit.

⊚

Das vielleicht größte Hindernis für die Selbstliebe und das Leben im GEIST ist die Überzeugung, dies sei nur möglich, wenn all Ihre Probleme gelöst und alle Sorgen und Ängste vorüber seien. In Wahrheit wird das nie geschehen. Solange Sie in einem physischen Körper sind und ein menschliches Ego besitzen, müssen Sie mit den Lasten des Menschseins umgehen.

Wir sind nicht hier, um unser Menschsein zu überwinden, sondern um es zu akzeptieren und damit Frieden zu schließen. Und gleichzeitig dürfen wir uns von unseren menschlichen Erfahrungen nicht davon ablenken lassen, den Frieden und die Freude unseres göttlichen Selbst und unseres GEISTES zum Ausdruck zu bringen. Menschsein geht mit Herausforderungen einher; das ist nicht zu ändern. Nicht alle davon sind gleich, doch jeder von uns hat seinen Anteil daran.

Uns diesen Herausforderungen guten Mutes zu stellen, ist in diesem menschlichen Experiment die Hauptaufgabe. Als Seelen inkarnieren wir, um bestimmte Lektionen zu lernen: Am wichtigsten ist es, uns unserer Göttlichkeit zu erinnern, während wir menschliche Erfahrungen machen.

Die Lektionen des Lebens, seine Schwierigkeiten, Sorgen, Hindernisse und immer wiederkehrende Probleme machen das aus, was wir »die Last des Lebens« nennen. Jeder von uns – vom Bettler in Indien über den Wall-Street-Broker bis hin zum Dalai Lama – trägt eine persönliche Last, durch die sich seine Seele hindurcharbeiten muss. Selbst Mutter Teresa, die als moderne Heilige verehrt wird, hatte in ihrem Leben etliche solcher Lasten zu bewältigen. Eine kürzlich veröffentlichte Sammlung ihrer persönlichen Briefe lässt erkennen, dass sie manchmal sogar ihren Glauben an Gott anzweifelte.

Diese Lektionen, diese Lasten des Lebens, sind das Arbeitsfeld unserer Seele. Dabei kann es sich um Lektionen der Liebe, des Erschaffens von Wohlstand oder von Gesundheit handeln oder um Vertrauen und Hingabe an Beziehungen und Familie oder um Lektionen über Armut, Verlassenheit und Verlust.

Welche Aufgaben das Leben für uns auch bereithält – einiges ist gewiss:

1. Wir können sicher sein, dass wir uns auf der Seelenebene für diese Lektionen entschieden haben, wie auch immer sie sein mögen.

2. Uns wird keine Lektion begegnen, die für unsere Seele zu schwer zu lernen ist.

3. Nach jeder bewältigten Lektion wird eine neue an ihre Stelle treten. Solange wir leben, werden sich uns immer neue Aufgaben präsentieren.

Wir haben genau deswegen eine physische Wirklichkeit gewählt: um seelisch zu wachsen. Und wir tun es, indem wir uns den Herausforderungen stellen. Das Leben ist für die Seele wie eine Schule und sollte daher angenommen werden, mitsamt allen schwierigen Lektionen. Im Gegensatz zu unseren menschlichen Schulen, an denen wir irgendwann einen Abschluss machen, um dann – wie von uns erwartet wird – ins »wirkliche« Leben einzutreten, besteht für die Seele die »eigentliche« Welt aus einer endlosen Reihe von Lehren, die sie im Lauf der physischen Existenz durchläuft, um zu ihrer Göttlichkeit zurückzufinden.

Nicht indem wir unsere Probleme überwinden, uns über unsere Zweifel erheben und Schwierigkeiten bewältigen, werden wir fähig, uns selbst zu lieben und unseren GEIST zu leben – im Gegenteil: Die Fähigkeit, uns selbst zu lieben und unseren GEIST zu leben, verleiht uns die Kraft, uns erfolgreich durch die Herausforderungen unseres Lebens hindurchzuarbeiten und unsere Lektionen zu meistern.

Wir alle haben Seelenarbeit zu leisten, wir alle haben Bereiche persönlichen Wachstums und spiritueller Reifung zu entwickeln. Lassen Sie sich davon nicht Ihrer Freude berauben. Kultivieren Sie lieber die Freude des GEISTES, um Ihnen dabei zu helfen. Wenn Sie sich selbst Liebe und Freundlichkeit versagen, lernen Sie nichts. Sie müssen Ihren GEIST lieben und ihm zuhören, sonst werden Sie es nicht schaffen, die Herausforderungen zu bewältigen. Nur Selbstliebe und getreulicher Ausdruck Ihres GEISTES lehren Sie, was Sie zu lernen haben.

Lassen Sie sich nicht von Ihrem Ego überzeugen, die Lasten

Ihres Lebens seien ernster, als sie es in Wahrheit sind, oder gewichtiger als die Ihres Nächsten, damit Sie es rechtfertigen können, darin verharren zu dürfen.

Mutter Teresa hat sich in Indien unter schlechtesten Bedingungen dem Dienst an den Ärmsten und Schwerkranken verschrieben und es trotzdem geschafft, sich selbst zu lieben und ihren GEIST zu leben. Der Dalai Lama hat sein Land verloren und muss doch Hunderttausenden vertriebener Seelen als spirituelles Licht dienen – das ist eine große Last. Und doch ist er von absoluter Freude erfüllt.

Ihre gegenwärtigen Schwierigkeiten mögen sich ähnlich schwer anfühlen. Und genau das sollte der Grund sein, sich zu lieben und Ihren GEIST zu leben: damit Sie das bewältigen können. Es ist viel besser, ein Problem mit Liebe zum GEIST anzugehen als mit der Angst und dem Kontrollbedürfnis des Ego.

Wenn Sie Ihren GEIST leben, durchschauen Sie das unmittelbare Drama des Lebens und erkennen Lösungen. Selbstliebe hilft Ihnen, mit Ihrer Kreativität Kontakt aufzunehmen und Probleme zu bewältigen. Sie mindert Konflikte und besänftigt Ängste. Bei Schmerzen aller Art ist Ihr GEIST Ihr bester Verbündeter. Er hilft Ihnen, Ihre Lasten schneller durchzustehen, zu überwinden und hinter sich zu lassen.

Ein Sohn meiner Klientin Marion zum Beispiel saß im Gefängnis, weil er seine zwölfjährige Tochter sexuell missbraucht hatte. Marions anderer Sohn lebte auf der Straße und war heroinabhängig. Darüber hinaus war bei ihr ein frühes Stadium von Darmkrebs diagnostiziert worden. Sie hatte also eine ganze Menge Lasten zu schultern.

In den ersten sechs Monaten, nachdem ihr Sohn ins Gefängnis gekommen war und sie ihre Krebsdiagnose erhalten hatte, litt

Marion unter Scham und Angst und wurde immer depressiver und kränker. Eines Abends fühlte sie sich wirklich am Ende ihrer Kräfte und Weisheit und betete vor dem Einschlafen intensiv um ein Wunder. Am nächsten Morgen wachte sie auf und fühlte sich ein wenig stärker als all die Monate, wenn nicht Jahre zuvor. Sie war sich nicht ganz sicher, warum sie sich besser fühlte, aber sie genoss es.

Um die Mittagszeit dämmerte ihr plötzlich, was sich verändert hatte: Sie gab sich nicht mehr die Schuld an all den Problemen in ihrem Leben. Irgendwie war ihr Gebet auf wundersame Weise erhört worden. Sie litt nicht mehr unter der inneren Tyrannei, mit der ihr Ego sie gepeinigt hatte. Sie klagte sich nicht mehr an für alles, was in ihrem Leben nicht in Ordnung war. Stattdessen spürte sie in sich eine friedvolle Akzeptanz, dass die aktuellen Probleme nicht mehr waren als einfach ihr Anteil im Leben. Unter dem Eindruck dieser Klarheit wusste sie auch, sie würde es überstehen.

Die erste Veränderung war, dass sie sich nicht mehr wegen ihrer Söhne quälte. Stattdessen richtete sie ihre ganze Aufmerksamkeit auf ihr besseres Befinden: Mit Entschlossenheit und Fokus – und durch die Gnade Gottes – besiegte sie den Krebs. Als Nächstes adoptierte sie ihre Enkelin. Sie wusste, sie konnte nichts ungeschehen machen, aber sie wollte ihrer Enkelin zumindest helfen, sich nicht selbst die Schuld zu geben. Ihr war auch bewusst, dass sie dem Mädchen keine Selbstliebe vermitteln konnte, wenn sie, Marion, sie nicht selbst in sich spürte. Also nahm sie die Herausforderung an und übte sich in Selbstliebe: Sie ging freundlich mit sich um, ernährte sich gut, ging früh schlafen, freute sich an ihrer Kraft und vergab alles, was in der Vergangenheit geschehen war.

So gewann sie nicht nur ihre Gesundheit wieder, sondern auch ihr Herz. Das Geschenk inmitten der ganzen Tragödie war, dass sie nicht nur sich selbst zu lieben lernte, sondern auch die Obhut für ihre Enkelin übernehmen konnte und damit die wundervollste Liebe gewann, die sie in ihrem Leben je gekannt hatte.

Sie begriff sogar, warum ihre Söhne solche Probleme hatten: Sie konnten sich ebenfalls nicht selbst lieben – was sie zu solch schrecklichem Verhalten getrieben hatte. Marion vergab ihnen und begann, ihnen Liebe zu schicken, was ihr vorher nicht möglich gewesen war.

Ich weiß nicht, wie es ihren Söhnen weiter erging, doch Marion und ihre Enkelin zogen in einen anderen Bundesstaat, wo sie eine kleine Lavendelfarm aufbauten und jetzt in gesundem, stillem Frieden leben.

Wenn das Leben schwierig wird, ist es der beste Weg, selbstliebend und im Einklang mit dem GEIST zu bleiben, indem man sich daran erinnert, dass alles Lektionen sind. Hören Sie auf, sich als Opfer zu fühlen. Ich will damit nicht sagen, dass es nicht manchmal schwer oder schmerzhaft ist. Dennoch können Sie erst über Ihre Herausforderungen hinauswachsen, wenn Sie anerkennen, dass Sie etwas daraus lernen dürfen. Je eher Sie Ihre Probleme als Gelegenheiten anerkennen, Weisheit zu erwerben, desto leichter sind sie zu bewältigen.

In meinem Leben zum Beispiel kreisen meine Seelenlektionen hautsächlich um meine Partnerschaft mit meinem Mann. Auf der Persönlichkeitsebene sind er und ich wie Öl und Wasser. Wir sehen und erfahren das Leben völlig unterschiedlich – was im Lauf der Zeit zu etlichen Konflikten geführt hat.

Ginge ich die Situation von meinem Ego her an, würde ich

unter unserer Verschiedenartigkeit sehr leiden und kaum Möglichkeiten sehen, Liebe oder meinen GEIST zu spüren. Aber Gott und einigen Lehrern sei Dank überlasse ich meinem Ego nicht die Kontrolle, zumindest meistens nicht. Ich weiß auf einer Seelenebene, dass Intimität und Partnerschaft meine Herausforderungen für Wachstum sind, und ich akzeptiere diese Lektionen. Das mag manchmal schwierig sein, aber wenn ich mein authentisches Selbst liebe und gut zu meinem GEIST bin, mache ich es mir leichter.

Selbstliebe ermöglicht es mir, meine Herausforderungen mit meinem Mann mit mehr Gelassenheit, Humor, Kreativität und Mitgefühl anzugehen. Diese Gaben meines GEISTES helfen mir bei meinen Seelenlektionen. Ich gebe jederzeit zu, dass ich meine Lektionen in diesem Bereich noch nicht gemeistert habe, aber wir sind seit 26 Jahren verheiratet und mit der Liebe und Hilfe meines GEISTES wird es von Tag zu Tag einfacher.

Meine Freundin Debra hat andere Seelenlektionen zu bewältigen. Beziehungen sind leicht für sie, ihre Partnerschaft ist friedlich, aber sie hat Probleme, sich einen gewissen Wohlstand zu verschaffen und sich finanziell sicher zu fühlen.

Nach 25 Jahren wurde ihr der Job gekündigt; seitdem lebt sie auf niedrigstem Niveau und kann oft kaum ihre Rechnungen bezahlen. Doch sie liebt sich selbst und ihren GEIST, daher ist sie sich auch angesichts ihrer prekären finanziellen Situation sicher, dass es irgendwie gut gehen wird. Dieses furchtlose Vertrauen, das aus ihrem GEIST entspringt, bewahrt ihr Ego davor, unter der Unsicherheit zusammenzubrechen.

Das bedeutet nicht, dass sie nie Stress empfindet. Natürlich hat sie Tage, an denen sie sich große Sorgen macht. Doch jenseits dieser Wellen der Ängstlichkeit gibt es ein tiefes Vertrauen, das in ihrem

GEIST wurzelt. So ist sie fähig, trotz ihrer finanziellen Ungewissheit ihr Leben zu genießen. Und auf wundersame Weise schafft sie es auch immer wieder, sich finanziell über Wasser zu halten.

Meinem Klienten Alan geht es finanziell sehr gut, aber er ist von der Angst besessen, alles verlieren zu können. Er ist selbstständig und hat es auf höchst disziplinierte Weise geschafft, sein Haus und sein Auto abzubezahlen und einen beträchtlichen Betrag für sein Alter zurückzulegen. Doch weil er stärker mit dem Ego als mit Selbstliebe und seinem GEIST in Resonanz ist, frisst ihn ständig die Angst auf, mit seinem Wohlstand könnte es irgendwann zu Ende sein. Dadurch ist er reizbar und kurz angebunden gegenüber Freunden und Familienmitgliedern. Weil er die Anspannung oft an seinen beiden Angestellten ausließ, hatte einer von ihnen genug davon und kündigte.

Sein Bewusstsein ist so sehr von Verurteilungen und Selbstbeschuldigung durchsetzt, dass er meint, die ganze Finanzwelt stehe kurz vor dem Kollaps. Innerlich spielt er eine Katastrophe nach der anderen durch und gönnt sich keine Ruhe. Sein Ego lässt ihm keine Pause, keinen Urlaub und keine Freizeit, aus Angst, das könnte ihn seine Sicherheit kosten. Er ist so tief in seine Probleme verstrickt, dass er alle Objektivität verloren hat.

Ohne Selbstliebe und ohne die Führung durch Verbindung mit seinem GEIST fühlt er sich nur elend. Er kann in den erreichten Leistungen keinen Frieden finden. Seine negative Frequenz steckt auch die Menschen um ihn herum an und löst eine Kette der Unzufriedenheit und des Leidens aus.

Alan ist nicht der Einzige. Die meisten Menschen, mit denen ich arbeite, leiden ähnlich. Sie ringen mit ihrem Opferdasein, weil sie nicht wissen, dass es letztlich nur darum geht, einen selbstliebenden GEIST zu leben. Der Ausweg ist ganz einfach: Nehmen Sie die Schwierigkeiten Ihres Lebens an und begreifen Sie, dass sie keine persönlichen Angriffe auf Ihren Selbstwert darstellen (auch wenn es sich manchmal so anfühlen mag); sattdessen sind es Lektionen, die Ihre Seele lernen will und kann.

Ich möchte zum Beispiel lernen, wie ich Intimität leben kann, ohne mich in meinem Partner zu verlieren. Debra möchte lernen, wie sie ihren Reichtum an Begabungen nutzen kann, um materiellen Wohlstand zu manifestieren. Alan will Selbstwertgefühl lernen. Bislang lernt er nicht sehr schnell, aber irgendwann wird er es schaffen, und zwar sobald er aufhört, sich nur von seinem angsterfüllten Ego leiten zu lassen. Nur wenn er damit beginnt, seinen GEIST zu lieben und ihm zu folgen, wird er Frieden finden.

In welchen Bereichen fühlen Sie sich als Opfer? Wo fühlen Sie sich frustriert, gereizt oder genervt? Wo spüren Sie Schmerz, Herausforderung, Ringen oder Verlust? Dort liegen Ihre Seelenlektionen.

Als Nächstes können Sie sich fragen, ob Sie Ihr Ego in Schach halten oder ob Ihr Ego Sie in Schach hält, indem es kritisiert, drängelt oder wütet, herablassend, verängstigt, beschämt oder empört reagiert. Wenn dem so ist, sind Sie nicht im Einklang mit Ihrem GEIST und haben sich von Ihrer Selbstliebe abgeschnitten.

Negative Energien machen Ihre Probleme nur noch schwieriger und verhindern, dass Sie etwas lernen. Treten Sie zurück und betrachten Sie alle Probleme als Seelenlektionen – nicht als persönliche Strafe, sondern als etwas, das es einfach zu lernen gilt. Der einzige Weg, diese Lektionen erfolgreich zu bewältigen, liegt in gelassener Selbstliebe und in der Verbindung mit Ihrem GEIST.

Wenn wir unsere Themen aus der Perspektive des Ego betrachten, nehmen wir sie sehr persönlich; wir lassen uns überwältigen, demoralisieren, schwächen und ängstigen. Sobald wir uns entscheiden, unsere Herausforderungen und Lektionen aus der Sicht der Selbstliebe und unseres GEISTES zu sehen, erkennen wir sie als das Spiel, als das sie gemeint sind. Das heißt nicht, dass wir keinen Schmerz erfahren werden – Schmerz gehört zum Menschsein. Es erinnert uns vielmehr daran, dass unser GEIST umfassender ist als irgendeine Verletzung, die das Ego oder der Körper je erfahren können.

Das ist der einzige Weg, den Problemen des Lebens entgegenzutreten und sie erfolgreich und mit Frieden im Herzen zu bewältigen: ihnen im GEIST zu begegnen. Erfüllt von Selbstliebe werden Sie entdecken, dass die Liebe Ihres Schöpfers Ihnen den Weg ebnen und Hindernisse schneller ausräumen wird. Je größer das Problem, desto dringender ist es, dass Sie sich selbst lieben. Probleme sind nicht Ihr Fehler; sie *sind* einfach. Und durch Liebe finden sich immer Lösungen.

Die Praxis: In Bewegung bleiben

Ihr GEIST ist eine aktive, kraftvolle Energie: eine tanzende Flamme, ein rauschender Wind, eine rollende Woge der Heiligkeit. Ihr Ego hat keine Lebenskraft: Es ist eine roboterhafte Maschine, die immer dieselben angsterfüllten, kontrollierenden negativen Muster und Botschaften wiederholt. Wir haben es hier mit zwei grundsätzlich unterschiedlichen Schwingungen zu tun: Die eine ist lebendig und lebensfördernd, die andere ist leer und lebensmindernd.

Wenn Sie mit Ihrem herrlichen GEIST im Einklang sind, ist jede Zelle Ihres Körpers voller Energie. Wenn Sie mit Ihrem Ego in Resonanz stehen, fühlt sich Ihr Körper oft wie gelähmt an. Er bremst sich durch negative Muster aus, ähnlich wie ein Virus Ihren Computer blockiert.

Damit Sie sich davor bewahren, vom Ego und seinen schwächenden Frequenzen überwältigt zu werden, verbinden Sie sich am besten bewusst mit dem Leben und nutzen die Lebenskraft Ihres GEISTES, um sich zu bewegen. Wenn Sie Ihren GEIST verkörpern, bewegt er Sie auf eine anmutige Weise: Diese Bewegungen sind anders als jene, die aus dem Kampf mit dem Ego hervorgehen.

Ich habe gerade die populäre Fernsehsendung »America's Next Top Model« gesehen. Zwölf großartig aussehende junge Mädchen konkurrieren dort um die Ehre, Amerikas nächstes Topmodel zu sein, indem sie vor etliche Aufgabe gestellt und dabei fotografiert werden. In der Sendung, die ich zufällig sah, sollten sie tanzen.

Das Interessante war, dass sie sich zwar alle zur Musik bewegten, aber nur einige von ihnen ließen sich von der Musik bewegen und tanzten wirklich. Es war direkt offensichtlich, welche Mädchen nur lieblose, uninspirierte, ängstliche, kontrollierte Gesten ausführten und welche sich ihrem inneren Rhythmus hingaben. Es fiel mir schwer, den Models zuzuschauen, die von ihrem ängstlichen Ego gesteuert tanzten, während es mir sehr gefiel, jenen zuzusehen, die sich mit ihrem GEIST dem Tanz hingaben. Rein äußerlich betrachtet bewegten sich alle gleich gut. Sie bogen sich und hüpften alle ganz ähnlich. Doch die Energie und die Essenz ihrer Bewegungen unterschieden sich. Jene, die losließen, waren angenehm anzusehen, doch alle anderen lösten ein unangenehmes Gefühl aus.

Ich fragte mich, ob ich vielleicht besonders kritisch hinschaute, weil ich so verbunden bin mit dem GEIST. Doch die Richter reagierten ganz ähnlich wie ich: Die Mädchen, die ihrem GEIST freie Bahn gelassen hatten, kamen in die nächste Runde, wohingegen die anderen ausschieden.

Okay, ich höre schon den Einwand, nicht jeder sei ein geborener Tänzer. Doch die Wahrheit ist: Im Herzen ist jeder Mensch ein Tänzer. Der menschliche GEIST kommt im Tanz am besten zum Ausdruck. Nur das Ego blockiert den Tanz des GEISTES, und das ist schmerzhaft anzusehen – und noch mehr, es zu leben.

Eine der besten, direktesten selbstliebenden Aktivitäten für den GEIST ist es, zu tanzen. Damit meine ich, sich mit Hingabe an den Rhythmus zu bewegen. Legen Sie eine tolle Musik auf, die Ihren GEIST anspricht, und lassen Sie sich darauf ein. Sie werden sehen, was ich meine. Ähnlich wie Lachen wird das Tanzen Sie automatisch in seinen Bann ziehen, wenn Sie es lange genug tun.

Selbst wenn Sie eigentlich keine Lust zum Tanzen haben, sollten Sie sich ein paar Minuten lang darauf einlassen. Häufig gibt das Ego innerhalb einiger Minuten nach, dann kann der GEIST übernehmen. Wenn Ihr Ego keinen Widerstand mehr leistet, können Sie in eine höhere Schwingung kommen. Beim Tanzen drückt sich Ihr GEIST vollständig aus und erfüllt Ihre Schwingung mit reiner Freude.

Vor Kurzem habe ich dies in Großbritannien verkündet, worauf sich eine empörte Frau meldete: »Und was ist, wenn man behindert ist?«, wandte sie mit einem »Jetzt habe ich Sie aber erwischt«-Unterton ein.

Ich erzählte daraufhin die Geschichte meiner Klientin Jennifer, die an zwei Krücken geht, und selbst dies nur mit großer Mühe. Um sich ihren Tanz nicht nehmen zu lassen, hat sie an ihren Krücken lange bunte Bänder befestigt, die sie im Rhythmus der Musik hin und her schwenkt.

Mary, eine andere Klientin, wurde ohne Beine und nur mit Armstümpfen geboren. Sie federt zur Musik in ihrem Rollstuhl auf und ab, wiegt sich von Seite zu Seite und hält Tanzen für eine ihrer körperlich und seelisch erfüllendsten Ausdrucksmöglichkeiten.

Tanzen ist also mehr von der inneren Haltung abhängig als von der äußeren. Es gibt dem GEIST die Möglichkeit, das Steuer zu übernehmen. Wenn Sie tanzen wollen, dann können Sie es auch.

Vor Jahren nahm ich in Chicago an einem Vortrag der bekannten Anthropologin Jean Houston teil, die dort ein Loblied auf den Tanz als wichtige Seelennahrung sang. Sie berichtete von einem wenig bekannten Stamm in Afrika, der kaum Konflikte kannte. Als Ethnologen die Gebräuche dieses Stammes untersuchten, stellten sie fest: Wann immer es ein Problem oder eine Meinungsverschiedenheit gab, versammelte sich der ganze Stamm in der Mitte des Dorfes und tanzte, bis jeder das Problem bewältigt hatte. Was für eine großartige Idee!

Können Sie sich vorstellen, wie es wäre, wenn die politischen Führer der Welt miteinander tanzen würden, bis sie sich ganz der Bewegung hingegeben haben, und erst dann verhandeln dürften? Ich bin sicher, sie würden zu anderen Ergebnissen kommen.

Tanzen ist jedoch nicht die einzige Möglichkeit, Ihren GEIST durch Bewegung zum Ausdruck zu bringen. Etwas so Simples wie ein kurzer, rascher Spaziergang ist gleichfalls ein wirksames Gegenmittel gegen Ego-Angriffe. Es ist eine selbstliebende Methode, um die Energie des Ego hinter sich zu lassen und in den Frieden und die Ruhe des GEISTES einzugehen.

Wer sehr viel Energie hat, kann aus dem Spaziergang auch einen Sprint machen. In dem Augenblick, wo Sie laufen, rennen oder joggen, muss das Ego die Kontrolle abgeben, weil es ihr GEIST ist, der Sie vorwärtsbringt. Alle Läufer, die ich kenne, sprechen von einer spirituellen Erfahrung.

Ich möchte Sie gern ermutigen, sich jeden Tag zu lieben und Ihren GEIST zu leben, indem Sie gehen, schwimmen, laufen, tanzen, Fahrrad fahren, springen – oder welche Bewegungsform Sie auch immer ansprechen mag. Hingebungsvolle Bewegung beruhigt das Ego, klärt den Geist, besänftigt das innere Geplapper und führt Sie in die Schwingung des Göttlichen. Es ist schwer für das Ego, zu wüten und zu schimpfen, während Ihr Herz mit ganzer Kraft das Blut durch Ihre Adern pumpt. Der Körper dient dem GEIST, nicht dem Ego. Beim Bewegen nutzen Sie Ihr physisches Selbst als Verbündeten.

Ich habe einmal gelesen, ein missbrauchter oder misshandelter Mensch, der Flashbacks im Hinblick auf diese Erfahrung hat, sollte unbedingt schnell aufstehen und sich bewegen. Es spielt keine Rolle, ob er hin und her wandert oder auf und ab springt. Die Bewegung lockert die negative Wiederholungsschleife der Erinnerungen und bringt die Person wieder in die Gegenwart und in eine höhere Schwingung. Da wir alle irgendwann schon einmal missbraucht oder misshandelt wurden (zumindest meint das unser Ego), ist dies ein kraftvolles Instrument der Selbstliebe, das uns allen zur Verfügung steht.

Ich glaube, die Menschen haben sich auch deshalb so weit von Bewegung und körperlichem Wohlgefühl entfernt, weil unser Erziehungssystem solche Aktivitäten als nicht unbedingt notwendiges Freizeitvergnügen betrachtet. Kindern wird immer noch die Bewegungsfreiheit genommen, wenn sie unangenehm auffallen. Statt sie zu ermutigen, sich im Freien auszutoben, werden sie in die Ecke gestellt oder gezwungen, still sitzen zu bleiben und in ihrer schlechten Energie zu schmoren. Das ist einfach falsch.

Uns wurde und wird immer noch vermittelt, Bewegung sei ein fakultativer Luxus, nicht ein grundlegendes Instrument der Selbstliebe und Ausdrucks unseres GEISTES. Es ist Zeit, diese bedrückende Botschaft hinter uns zu lassen. Bewegung sollte ein Teil unserer spirituellen Praxis sein. Sie ist von höchster Bedeutung, um unseren GEIST im Körper und präsent zu halten.

Sie brauchen auch nicht ins Schwitzen zu kommen, um die Vorzüge von Bewegung zu genießen. Es ist empfehlenswert, aber für manche ist ein schönes Golfspiel oder ein Bummel durch den Park genauso nährend für die Seele wie für andere eine halbe Stunde auf einem Trampolin. Um sich zu vergewissern, dass eine bestimmte Bewegungsart Ihrem GEIST guttut, beobachten Sie am besten Ihre Schwingung vor, während und nach der Aktivität: Wenn Sie sich gut geerdet, friedvoll, ruhigen Herzens und präsent fühlen, hat Ihnen die Bewegung gut gedient.

Der Bewegung können Sie jedenfalls den Vorrang vor anderen Maßnahmen geben, wenn Ihr Ego Sie in Selbstzweifel stürzt: Je schneller Sie sich bewegen, desto rascher befreien Sie sich von Ihrem Ego und können nach Hause zurückkehren.

Die Kraft dieses Instruments der Selbstliebe wird noch verstärkt, indem Sie sich im Freien bewegen. Draußen ist die Erde, Ihre göttliche Mutter, die an Ihnen Gefallen hat. Sie versorgt Sie mit wundervollen Gaben, die Sie nur bemerken können, wenn Sie draußen sind: zum Beispiel Bäume, Blumen, Vögel, Eichhörnchen, Strände, Berge und Täler.

In diesem Sommer hatte mich mein Ego mal wieder fest im Griff und mir viel Sorge bereitet, wie ich neben all meinen Reiseplänen noch die Zeit zum Schreiben finden würde. Irgendwann hatte ich diese Gedanken satt und marschierte nach draußen zum nahe gelegenen Lincoln Park. Unterwegs war ich fasziniert von all dem, was ich sah: Grillpartys mit Menschen aus aller Welt, Volleyballspiele, Trommelkreise und Fußballturniere, und das alles vor dem Hintergrund eines kristallklaren Himmels und des azurblauen

Michigan-Sees. Die Stadt und die Natur zeigten sich von ihrer besten Seite.

Während ich weiterging, traf ich auf einen kleinen Vogelpark, von dessen Existenz ich zwar wusste, den ich aber noch nie besucht hatte. Dort wimmelte es von Vögeln aller Größen und Farben, und Schmetterlinge gab es ebenfalls. Ich war völlig gebannt von der Schönheit. Der ganze Spaziergang dauerte letztlich nur eine Stunde, doch ich fühlte mich hinterher, als wäre ich einmal um die Welt gereist. Und das Beste daran war, dass ich meine Sorgen völlig vergessen hatte. Selbst mein Ego war von all den Wundern dort draußen bezaubert gewesen. Ich gewann eine neue Perspektive und die Sorgen verflüchtigten sich.

Nach draußen zu gehen und sich in der Natur zu bewegen ist ein wundervoller Weg, um sich zu lieben und seinen GEIST zu leben. Natur nährt den GEIST. Gehen Sie einmal vor die Tür, achten Sie auf die Umgebung und wie Sie sich danach fühlen: Sind Sie im Ego oder im GEIST? Verstehen Sie jetzt, was ich meine?

Auf einer anderen Ebene bedeutet Bewegung auch einfach einen Szenenwechsel. Dabei schalten Sie sozusagen auf einen anderen Kanal: vom Ego-Denken zum göttlichen GEIST. Wenn Sie bewusst die Umgebung wechseln, um sich von den Störungen und Aufregungen des Ego eine Pause zu gönnen, bekräftigen Sie Ihr Recht als göttlicher GEIST, in Frieden zu leben. Es ist eine proaktive Art, Frieden zu wählen.

Ich habe die Wirkung des bewussten Szenenwechsels viele Male selbst erlebt. Vor Jahren, als unsere Kinder noch klein waren und mein Mann und ich unser altes viktorianisches Haus renovierten, waren wir oft erschöpft und überfordert. Dann fingen wir an, einander zu kritisieren und zu streiten, einfach weil wir den Eindruck hatten, die Kontrolle über die Situation zu verlieren, und sich unsere Egos elend fühlten.

Sooft es zu Hause besonders schwierig wurde, stiegen wir ins Auto und fuhren nach Wisconsin, etwa hundert Meilen nördlich von Chicago. Während der ersten fünfzig Meilen redeten wir noch nicht mal miteinander. Auf der zweiten Streckenhälfte begannen wir jedoch, uns über die Landschaft zu unterhalten. Auf dem Rückweg sprachen wir schließlich über alles Mögliche, nur nicht über unsere Probleme. Wir hatten die Vereinbarung getroffen, die Konflikte sollten außen vor bleiben und wir wollten nur die Fahrt genießen. Bei unserer Heimkehr fühlten sich die Schwierigkeiten leichter an und wir sahen die Dinge objektiver. Der Umgebungswechsel schenkte uns eine andere Perspektive und lenkte uns von unseren Ängsten ab. Das half uns, die schwierigsten Jahre unserer Ehe zu überstehen.

Solch ein Szenenwechsel ist schon lange ein bewährter Trick. Man nennt es auch »Urlaub machen«. Ferien gönnen dem Ego mit all seinen Sorgen eine Pause und nähren den GEIST mit Abenteuern, Natur, Entspannung, Erholung, anderem Essen, unbekannten Menschen und vor allem einer großen Portion an Gegenwärtigkeit.

Wenn Sie das Gewohnte, Vertraute hinter sich lassen, kann sich das Ego nicht mehr dem Luxus hingeben, in der Vergangenheit oder der Zukunft zu verweilen. Es muss in der Gegenwart aufpassen. Der Ego-Geist lebt in der Vergangenheit und in der Zukunft. Der göttliche GEIST hingegen lebt nur im Jetzt. Wenn Sie aufpassen müssen, sind Sie im Jetzt. Und wenn Ihr GEIST am Ruder ist, erhöht sich Ihre Schwingung, und göttlicher Frieden und Ruhe breiten sich aus.

9. Schritt

Mit Musik leben

Worum es geht: Mit Musik leben

Dieser Schritt verschafft Ihnen direkten Zugang zu Ihren himmlischen Ressourcen und hellt das Herz durch Musik auf. Er zeigt Ihnen, wie Sie Musik bewusst als Gegenmittel für die Negativität der Welt nutzen und Ihren GEIST damit widerstandsfähig halten können, unabhängig davon, was um Sie herum los ist. Die praktische Übung »Das Leben feiern« zielt darauf ab, dass Sie das Feiern und die Freude als alltägliche Erfahrungen wählen, statt darauf zu hoffen, dass sie Ihnen widerfahren. Sie fangen an, das Leben als Geschenk zu erleben, und versäumen keine Zeit, es in vollen Zügen zu genießen.

Musik ist Schwingungs-Kraftstoff. Der GEIST ist ein Schwingungskörper, und Musik stabilisiert und verankert ihn in unserem physischen Körper und erhält ihn glücklich.

Wenn wir Musik hören, die mit unserem GEIST im Einklang ist, lassen wir sofort die Angst hinter uns und verbinden uns wieder mit unserem zeitlosen göttlichen Wesen. Musik bewegt den Körper und bringt uns in Fluss. Beim Lauschen legen wir eine Denkpause ein und fühlen einfach. Musik löst Negativität auf, bringt uns in die Gegenwart und öffnet uns das Herz.

Wenn wir uns mit Musik verbinden, die uns zu Herzen geht,

entspannen wir uns in der Frequenz von Vertrauen. Musik verjüngt uns auf einer zellulären Ebene. Musik zu hören, die unsere Seele bewegt, ist eine der leichtesten selbstliebenden Entscheidungen, die wir treffen können. Musik ist die Sprache des GEISTES. Sie befreit uns von allen Lasten des Lebens.

Hören Sie jeden Tag schöne Musik: Das wird Ihr inneres Licht stärken. Wichtig ist dabei, es ohne Unterbrechung zu tun. Musikalische Unterhaltung aus dem Radio, wo Moderatoren dazwischenreden und Werbeclips ablenken, erzeugt bei Weitem nicht dieselbe innere Brillanz wie das ungestörte Lauschen auf Musik.

Ebenso wichtig ist es, Musik in einer Lautstärke zu hören, die Ihre Seele nährt, ohne Ihrem Körper zu schaden. Es ist zum Beispiel nicht besonders selbstliebend, »Stairway to Heaven« in einer Lautstärke zu spielen, die Ihr Trommelfell in Mitleidenschaft zieht. Ihre Ohren sollen das Hören genießen und nicht erleiden.

Nach einem extrem aufwühlenden Jahr fand zum Beispiel meine Freundin Elizabeth Trost und Klarheit in der Musik. Ihr Ehemann hatte sein Geschäft in eine andere Stadt verlegt, ohne es vorher mit ihr zu besprechen. Um diesen Wechsel zu finanzieren – so entdeckte Elizabeth zu allem Überdruss per Zufall –, hatte er eine Hypothek auf ihr Haus in Höhe von mehr als einer Million Dollar aufgenommen und war eine Partnerschaft mit einem Mann eingegangen, der noch im Gefängnis saß.

Vor diesen peinlichen Entdeckungen hatte Elizabeth geplant, mit ihrem Mann zum Summer Bluegrass Festival nach Telluride in Colorado zu fahren. Ihre Freunde und ihre Familie meinten alle, sie sollte diese Reise absagen. Wie um alles in der Welt könne sie mit jemandem in Urlaub fahren, der sie gerade derart hintergangen hatte? Und wie könne sie so viel Geld ausgeben, wo sie doch gerade erfahren hatte, dass sie himmelhoch verschuldet war?

Das waren gute Argumente, um alle Pläne fahren zu lassen, stimmte ihr Ego zu. Doch ihr GEIST rebellierte: Die Reise abzusagen, würde ihre Ängste nur verstärken, sie in ihrer Opferrolle bestätigen und ihr das Gefühl geben, eine Märtyrerin zu sein. Und es würde ihrem GEIST nichts bringen. Es würde ihm nur eine Quelle großer Freude versagen.

Elizabeth gab nicht nach. Die Reise war ohnehin bezahlt; es würde niemandem schaden. Ja, sie fühlte sich von ihrem Mann hintergangen und war wütend. Doch gleichzeitig erkannte sie, dass sie vor allem sich selbst schadete, wenn sie seinetwegen die ganze Sache abblies. Und auch alleine hinzufahren, erschien ihr nicht besser: Sie wollte die Erfahrung mit ihm teilen, mit dem Mountainbike loszuziehen, zu zelten und die Musik zu genießen. Auch das gemeinsame Erleben war Nahrung für ihren GEIST.

Also hielt sie an ihren Plänen fest: Die beiden fuhren los, obwohl Elizabeth mit der Situation keineswegs im Frieden war – jedenfalls nicht, bis die Musik begann. Als sie unmittelbar vor der Open-Air-Bühne stand und den ersten Akkord auf dem Banjo hörte, flossen all die Negativität und die Ängste aus ihren Knochen, aus ihrem Körper und aus ihrer Aura.

Die Musik war Schwingungsnahrung für ihre Seele, sie versorgte sie mit echter Energie und Lebenskraft. Je länger sie zuhörte, desto höher wurde ihre Schwingung. Sie tanzte und sang und verlor sich in der Ekstase der Musik. Nichts anders war mehr wichtig. Und so ging es mehrere Tage lang.

In dieser Zeit erkannte sie intuitiv: Es war das Ringen ihres Mannes um Kreativität, was ihn in die andere Stadt getrieben hatte. Dort sah er mehr Möglichkeiten für sich als an ihrem jetzigen Wohnort. Sie wusste auch, dass es nicht seine Absicht war, sie hinsichtlich seiner Finanzierungsstrategie und seiner Partnerschaft zu täuschen. Er hatte sie vielmehr schützen und vor zu vielen Sorgen bewahren wollen. Und nach einer besonders hinreißenden Jamsession mit einer von ihr besonders geliebten Band war sie sich auch sicher, dass die Projekte ihres Mannes letztlich auf gesunden Füßen standen und gut gehen würden. Sie fühlte sich finanziell wieder vollkommen sicher.

Der wichtigste Teil dieser Geschichte: Keine dieser tiefen und richtigen Offenbarungen entstand durch ein Gespräch zwischen den beiden. Elizabeth hatte es einfach »begriffen«, indem sie aus der subjektiven Angstschwingung des Ego herausgetreten und mithilfe der Musik in den Fluss ihres göttlichen Selbst eingetreten war. Das Bluegrass-Festival nährte ihren GEIST, schenkte ihren Zellen Erholung, veränderte ihre Schwingung und erlaubte ihr, mit ihrem authentischen Selbst in Kontakt zu kommen. In dieser Schwingung wusste sie zweifelsfrei, dass trotz des äußeren Anscheins weder ihre geistige noch ihre irdische Welt zusammenbrechen würden.

Ich habe schon so oft erlebt, dass Musik mich zu meinem authentischen Selbst zurückgebracht hat, wenn nichts anderes mehr zu funktionieren schien. Während ich David Bowie hörte, erlebte ich meinen ersten Durchbruch in Manifestation: Ich hörte täglich das Album »Ziggy Stardust and the Spiders from Mars«, während ich mir vorstellte, einen Freund anzuziehen – einen, der gerne tanzte und genauso verrückt war wie ich. Drei Wochen später lernte ich Randy kennen. Ich wusste, dass er der Richtige war, weil er rote Glitzerschuhe mit Plateausohlen trug, die genau zu meinen weißen Glitzerschuhen mit Plateausohlen passten. Während der ganzen Highschool-Zeit waren wir unzertrennlich.

»Going to California« von Led Zeppelin half mir beim Entschluss, im Ausland zu studieren; gregorianische Gesänge unterstützten mich beim Schreiben, und Beethovens Neunte ermutigte mich, zu lehren.

Und ich bin nicht die Einzige, die so durch Musik genährt wird. Meine Freundin Louisa schwört, dass die Mozart-Musik im Krankenhaus sie von der Hodgkinschen Krankheit geheilt hat. Selbst Einstein hat erklärt, dass er sich bei der Entdeckung der Relativitätstheorie von Musik inspirieren ließ.

Bob Dylans Musik ist die Seelennahrung meiner Tochter Sabrina, und meine Tochter Sonia genießt vor allem Pink Floyd. Mein Mann erfreut sich an Mozart und ich selbst liebe am meisten guten alten Rock 'n' Roll.

Die bewusste Verbindung mit Musik ist eine Ihrer unabdinglichen Quellen für Selbstliebe. Sie ist Kraftnahrung für Ihren GEIST. Wenn Sie sich Musikgenuss versagen, entfernen Sie sich von Ihrem GEIST. Wenn Sie mit Ihrem authentischen Selbst verbunden sind (was nur durch Selbstliebe möglich ist), können Sie die größeren Zusammenhänge und – jenseits Ihrer Ängste – die Wahrheit erkennen. Nur so werden Sie Entscheidungen treffen, die Ihrem Wohlbefinden am besten dienen.

Die Praxis: Das Leben feiern

Es ist der Weg zu Ganzheit, Befriedigung und tiefem inneren Frieden, aus Ihrem GEIST heraus zu leben und ihn zu feiern. Das Leben zu feiern heißt, es zu genießen – sich frei von Schuld, Angst oder Kontrolle darauf einzulassen und es als das große Abenteuer anzunehmen, das es ist.

Das Leben zu genießen ist einfach. Beginnen Sie, indem Sie es um sich herum wahrnehmen – zum Beispiel in Ihrer eigenen Küche während des Frühstücks: Bemerken Sie den Duft des Kaffees, die schöne Farbe des Orangensafts in Ihrem Glas, das leise Knistern der Cornflakes, während Sie Milch darübergießen. Wenn Sie auf das Leben achten, das sich direkt vor Ihnen entfaltet, ist es sehr unterhaltsam.

Schauen Sie sich in Ihrer Umgebung um und bemerken Sie etwas, das Sie bislang übersehen oder noch nie bewusst erfahren haben, wie die Struktur des Posterstoffs Ihrer Sessel oder die weiße Äderung auf den Blättern Ihrer Zimmerpflanze.

Wir haben ständig wundervolle Schöpfungen um uns herum, doch wenn wir in unserem Ego gefangen sind, beachten wir sie nicht – oder bemerken die Freude, die sie uns gemacht haben erst, wenn sie nicht mehr da sind.

Ich habe das vor einigen Jahren deutlich erlebt: Wir hatten einen Goldfisch, der jahrelang in unserer Küche in einem Aquarium lebte. Er hatte einen ungewöhnlich geformten Kopf; deshalb hatten wir ihn Brainy genannt. Irgendjemand fütterte ihn jeden Tag, aber darüber hinaus schenkte ihm selten jemand Beachtung.

Eines Nachmittags stand ich mit meinem Mann in der Küche, als ich plötzlich Brainy vermisste. Verdutzt fragte ich Patrick, ob er wisse, wo Brainy sei, doch er schaute ebenfalls überrascht ins Wasser. Unser Verdacht richtete sich sofort gegen die neue Haushaltshilfe, die wir ein paar Tage zuvor eingestellt hatten.

»Mein Gott, meinst du, sie könnte Brainy umgebracht und entsorgt haben?«, fragte ich entsetzt.

Patrick war ebenso empört bei dem Gedanken. »Es wäre schon ziemlich unverschämt, wenn sie das wirklich getan hätte!«

Weil wir beide letztlich nicht glauben konnten, dass jemand zu so etwas fähig wäre, langte Patrick ins Aquarium, um zu sehen, ob sich Brainy irgendwo versteckt hielt. Allerdings war das ziemlich unwahrscheinlich, denn es befand sich nichts weiter darin als eine große, alte, schneckenförmige Muschelschale.

In diesem Moment kamen unsere Töchter in die Küche. »Was tut ihr da?«, fragten sie, als sie uns übers Aquarium gebeugt sahen.

»Wir suchen Brainy«, antwortete ich. »Habt ihr ihn kürzlich gesehen?«

»Oh nein!«, riefen beide erschrocken. »Wo ist er? Kann ihm etwas zugestoßen sein? Ist er tot?«

»Ich weiß es nicht«, antwortete Patrick verwirrt, »er ist einfach weg.« Um ganz sicherzugehen, holte er die Muschel aus dem Wasser. Dabei spürte er, wie sich etwas in der Muschel bewegte. Er schüttelte sie ein paarmal und – tatsächlich, man hörte ein deutliches »Flop, flop, flop« darin.

»Ich glaube, er ist in der Muschel gefangen«, meinte Patrick.

»Ach, du meine Güte!«, rief ich. »Schüttle ihn heraus, er stirbt sonst, wenn er nicht im Wasser ist.«

Patrick schüttelte die Muschel, sosehr er konnte, doch ohne Erfolg. Die Mädchen wurden immer aufgeregter. »Schneller, Daddy, sonst stirbt er!« Patrick bemühte sich ernstlich, doch Brainy kam nicht zum Vorschein.

»Wir müssen die Muschel aufbrechen«, sagte Patrick schließlich, »er sitzt da offenbar fest.«

Inzwischen war Brainy sicher schon eine Minute lang nicht mehr im Wasser. Die Zeit wurde knapp. »Schnell«, riefen wir, »brich sie auf!«

Patrick rannte zur Haustür hinaus und schlug die Muschel auf den Gehweg, um sie zu zerbrechen, doch sie blieb stabil. Er schlug sie erneut auf den harten Untergrund, während meine Töchter neben ihm immer hysterischer wurden. Beim vierten Versuch gelang es schließlich: Die Muschel brach auf und der Fisch flog in hohem Bogen heraus. Patrick konnte ihn aus der Luft auffangen. Inzwischen waren bestimmt fünf Minuten vergangen.

Wir rannten zurück zum Aquarium, Patrick vorneweg – und der Fisch landete wieder im Wasser. Traumatisiert durch den langen Aufenthalt an der Luft und die heftigen Erschütterungen, trieb der Goldfisch zunächst bewegungslos an der Oberfläche.

»Er ist tot!«, klagten die Mädchen verzweifelt. »Brainy ist tot!« Sie brachen in Tränen aus. Wir hielten uns alle an den Händen und starrten auf den bewegungslosen Fisch.

Etwa zehn Sekunden später fing Brainy jedoch zu zucken an. »Guckt mal!«, rief Patrick aufgeregt.

Wir trauten unseren Augen kaum: Der Goldfisch zuckte und zuckte und schwamm plötzlich los, als wäre nichts gewesen.

»Hurra!«, riefen wir alle und umarmten uns gegenseitig voller Freude über Brainys Wiederbelebung. Wir konnten unser Glück kaum fassen und schauten begeistert zu, wie unser dickköpfiger Goldfisch langsam hin und her schwamm.

An jenem Tag hat Brainy uns alle etwas Wertvolles gelehrt: das Leben zu genießen und es nicht selbstverständlich zu nehmen. Nie zuvor war ich so glücklich gewesen, Brainy zu sehen, wie an dem Tag nach seiner Nahtoderfahrung. Er schenkte uns danach noch fünf Jahre lang schöne Tage, denn sooft wir ihn von nun an sahen, nahmen wir seine Gegenwart als ein kostbares Geschenk wahr.

Das Leben zu feiern ist ein Akt des GEISTES. Es durchbricht den mentalen Nebel und die Verwirrung des Selbstmitleids und erinnert uns daran, dass alles im Leben ein Geschenk ist. Jeder Augenblick, jede Erfahrung ist ein Geschenk Gottes an Sie, das es zu schätzen gilt.

Es ist so leicht für das Ego, Sie von all dem abzulenken, was es zu feiern gibt. Es nimmt die Geschenke des Lebens als selbstverständlich hin und treibt Sie an, sie ebenfalls zu ignorieren und stattdessen auf das hinzuarbeiten, was nicht da ist. Wie leicht ist es, zu vergessen, dass alles ein Geschenk – und jedes Geschenk ein Grund zum Feiern – ist!

Vor 26 Jahren machte ich eine Erfahrung, die mich seitdem immer wieder daran erinnert, das Leben zu feiern. Ich bereitete mich auf meine Hochzeit vor. Als Hochzeitsgeschenk hatte meine Schwester für meine Tante und meinen Onkel die Reise aus Rumänien in die USA ermöglicht. Es war das erste Mal, dass rumänische Verwandte meine Mutter wiedersahen oder die Vereinigten Staaten besuchten, seitdem meine Mutter während des Zweiten Weltkriegs von ihnen getrennt worden war.

Bei ihrer Ankunft waren sie überwältigt von der Fülle, die überall herrschte. Der eindrucksvollste Moment war jedoch unser Zwischenstopp beim Supermarkt, wo wir etwas fürs Abendessen kaufen wollten. Als meine Tante und mein Onkel, die an großen Mangel gewöhnt waren, die Unmenge an Regalen voller frischem Obst und Gemüse, Fleisch und Fisch erblickten, waren sie sprachlos und hatten beide Tränen in den Augen. »Kaum auszudenken, dass es so viel zu genießen gibt«, sagen sie, während sie versuchten, die Eindrücke aufzunehmen.

Was als kurzer Einkauf gemeint war, wurde zu einem dreistündigen Ausflug. Sie wanderten durch alle Gänge, rochen an den frischen Waren, testeten alle Kostproben und studierten alle Angebote. Sie bewunderten alles, und ich nahm ihre Perspektive ein und tat es ebenfalls.

Ja, es ist ein Geschenk, dass wir so leichten Zugang zu solcher Fülle haben, und das ist es wert, gefeiert zu werden. Meine Hochzeit wurde eine wahrlich unglaubliche Feier der Liebe, des Lebens, der Familie und der Wertschätzung. Wann immer ich Mangel empfinde oder mir selbst leidtue, brauche ich nur an jenen Tag zurückzudenken, und mein GEIST fängt wieder an zu schweben.

Meine Mutter war während des Kriegs aufgewachsen und mein Vater in den Jahren der Weltwirtschaftskrise; deshalb erzogen sie uns dazu, all die kleinen Dinge des Lebens zu feiern. Weil für sie die Fülle nichts Selbstverständliches war, wurde sie es für uns auch nicht.

Zum Beispiel waren Freitage bei uns zu Hause Feiertage, weil mein Vater am Ende der Woche bezahlt wurde und auf dem Heimweg immer zwei große Behälter mit Eiscreme besorgte, groß genug, um seine neunköpfige Familie daran teilhaben zu lassen. Wir sangen aus voller Kehle Volkslieder und löffelten dabei unser Eis. Es war unsere wöchentliche Party.

Eine andere Tradition, die meine Mutter ins Leben rief, waren unsere »Sind wir nicht wunderbar?«-Partys. Dafür versammelten wir uns am Wochenende und erzählten einander von einem unserer guten Augenblicke der vergangenen Woche: von einer guten Note in einer Schularbeit, von einer Gelegenheit, einem Freund zu helfen, von Treffern beim Basketballspiel, vom Backen eines leckeren Kuchens oder vom Glück, die Hausaufgaben rechtzeitig bewältigt zu haben. Es ging weniger um die jeweilige Situation, sondern um die Feier des Lebens.

So lernten wir, eigenständig zu feiern, statt darauf zu warten, von irgendjemandem eingeladen zu werden. Bis heute liebe ich es, mit meiner Familie oder Freunden eine »Sind wir nicht wunderbar?«-Party zu feiern. Es ist ein Anlass, um zu lachen, uns selbst und die anderen wertzuschätzen und uns an den guten Dingen in unserem Leben zu freuen.

Sie brauchen keine besonderen Gründe fürs Feiern. Dass Sie sich selbst und all die Segnungen des Lebens lieben, ist Grund genug. Das Leben ist ein wundervolles Geschenk und jeder Tag schenkt uns so viel Grund zum Feiern, dass Sie sofort damit anfangen können. Warten Sie nicht, bis Sie zur Feier des Lebens eingeladen werden – seien Sie selbst die Feier!

Beginnen Sie mit der Würdigung der kleinen Dinge. Wenn Sie am Leben sind, ist das schon ein guter Anlass. Wenn Sie Kleider auf dem Leib tragen, ein Dach über dem Kopf haben und liebe Menschen kennen, haben Sie allen Grund der Welt, zu feiern. Freuen Sie sich über gute Tage, weil Sie Positives geleistet haben, und feiern Sie schwierige Tage, weil Sie sie überstanden haben.

Ich hatte einen jungen Klienten, bei dem im Alter von 22 Jahren ein Gehirntumor festgestellt wurde. Jeremys Aussicht auf Heilung war sehr schlecht, also beschloss er, an jedem Tag, der ihm noch blieb, seinen Geburtstag zu feiern. Er sang sich selbst Geburtstagsständchen, kaufte sich Glückwunschkarten und gönnte sich Luftballons und andere festliche Dinge.

Ursprünglich hatte man Jeremy noch drei Monate gegeben. Tatsächlich lebte er nach der Diagnose noch zwei Jahre. Kurz vor seinem Tod sprachen wir noch einmal miteinander. Er sagte: »Das beste Geschenk, das ich je bekommen habe, war mein Tumor. Davor habe ich zweiundzwanzig Jahre lang existiert, aber ich habe nicht gelebt. Nachdem ich von meinem Tumor wusste, bin ich aufgewacht und habe seitdem jede Minute genossen, als wäre es meine letzte. Dabei hatte ich mehr Freude und Spaß als in den ganzen zweiundzwanzig Jahren davor.«

Freundlichkeit wählen

Worum es geht: Freundlichkeit wählen

Dieser Schritt will Sie ermutigen, Ihren GEIST gegenüber den Menschen in Ihrer Umgebung zum Ausdruck zu bringen. Dadurch wird Ihr Licht noch stärker und kraftvoller. Die praktische Übung »Der Intuition folgen« verschafft Ihnen eine dauerhafte Verbindung mit der inneren Führung durch Ihren GEIST, löst Verwirrung und Angst auf und ersetzt sie durch Selbstvertrauen. Gleichzeitig werden Sie damit ein Katalysator für die Erweckung des GEISTES in anderen. Das ist die großartigste Erfahrung der Selbstliebe und des Lebens im GEIST, die wir uns erhoffen dürfen. Dann mühen Sie sich nicht mehr in der Dunkelheit ab, sondern werden ein Licht in der Welt.

Die größte Freude, die der GEIST kennt, liegt darin, sein Licht und seine Liebe mit anderen zu teilen. Im Gegensatz zum Ego, das von der Frage »Was kommt dabei für mich heraus?« getrieben ist, fühlt sich der GEIST bereits vollständig und möchte seine Zufriedenheit mit möglichst vielen Menschen teilen. Unseren GEIST mit anderen zu teilen ist eine der heilsamsten und stärkendsten Erfahrungen, die wir uns erschaffen können. Und zum Glück ist der Weg dorthin einfach: Wir brauchen nur freundlich zu sein.

Freundlichkeit ist unser liebender GEIST in Aktion. Sie ermöglicht es unserer göttlichen Natur, die Führung zu übernehmen. Wenn wir freundlich sind, verkörpern wir diese Natur und nähren damit das Licht in der Welt.

Freundlich zu sein bedeutet, mit Anmut, Würde und Eleganz zu leben. Es heißt, sich für das Leben zu interessieren und es wichtig genug zu nehmen, um es für sich selbst und für andere besser machen zu wollen. Es ist eine kraftvolle und zutiefst selbstliebende Entscheidung, vor allem weil das Gesetz des Universums besagt, dass alles, was wir anderen antun, wieder zu uns zurückkommt. Das heißt, jede Tat – ob freundlich oder nicht – fällt um ein Vielfaches verstärkt auf Sie zurück. Je freundlicher Sie zu anderen sind, desto mehr Freundlichkeit und Güte wird Ihnen zuteil werden. Und umgekehrt, egal wie gerechtfertigt ein unfreundliches Wort erscheinen mag – es wird um ein Vielfaches verstärkt zu Ihnen zurückkehren.

Dieses Gesetz ist wichtig, um uns mit uns selbst bekannt zu machen. Wie sehr wir auch versuchen mögen, uns selbst zu entkommen – es kann uns nicht gelingen. Welche Energie wir auch immer in die Welt tragen – irgendwann werden wir erleben, wie uns die Menschen um uns herum genau die gleiche Energie entgegenbringen. Wir erhalten, was wir geben, also brauchen wir nur aus vollem Herzen zu geben, um unser Glück und unsere Freude sicherzustellen.

Mein spiritueller Lehrer Dr. Tully sagte einmal zu mir, einer der besten Wege, freundlich zu sein, sei es, nicht die Emotionen anderer aufzuwühlen. Wenn wir die Emotionen eines anderen Menschen aufrütteln, erzeugen wir im Ego des anderen Stress, Ängstlichkeit, Abwehr, Sorgen und Angst. Diese Gefühle gehören zu den schmerzhaftesten Schwingungen, die wir in unserem Nervensystem erfahren können. Es tut weh, wenn wir bei einem anderen Menschen ein Aufwallen turbulenter Wogen auslösen, und trotzdem tun wir es ständig. Und wir tun es auf so subtile Weise, dass wir es gar nicht merken.

Wir bringen jemanden in Stress, wenn wir unsere Stimme erheben oder scharf werden lassen. Wir wühlen in unserem Gegenüber Emotionen auf, wenn wir schnippisch sind oder in einem ungeduldigen, stolzen, gereizten oder verurteilenden Ton sprechen. Oft bemerken wir es selbst nicht einmal, und doch können wir durch ein sorgloses Wort oder eine sarkastische Bemerkung beim anderen eine Sturmflut der Angst auslösen.

Zum Beispiel wartete ich vor einigen Jahren auf dem Flughafen von Chicago, als die Ansage ertönte, das Flugzeug habe Verspätung. Alle Passagiere standen bereits am Gate, und die Nachricht löste bei den meisten deutlichen Unmut aus.

Unter den Passagieren waren eine junge Mutter und ihr drei- oder vierjähriger Sohn. Seine Energie und sein Verhalten zeigten deutlich, dass es sein erster Flug war und das bevorstehende Abenteuer ihn sehr erregte. Im Wartebereich redete er begeistert auf seine Mutter ein und erzählte, wo er sitzen und wie er aus dem Fenster sehen würde und ob er wohl von oben die Erde sehen könnte und ob alle anderen dasselbe Reiseziel hätten. So teilte er offenherzig und begeistert alle seine Gedanken über das große Abenteuer mit, und es war klar, dass er sich auf viele neue Eindrücke vorbereitete.

Seine Mutter lächelte und hörte ihm halbherzig zu. Wahrscheinlich redete der Kleine schon seit Tagen von nichts anderem. Die Ansage, dass der Flug Verspätung haben würde, brachte sie jedoch offenbar aus dem Konzept. Ihr Sohn verstand nicht, was vor sich ging, und redete weiter aufgeregt über sein Abenteuer, zumindest bis zu dem Augenblick, als sie ihn scharf anfuhr: »Sei doch bitte mal still, ich höre der Ansage zu!«

Seinem Gesichtsausdruck nach hätte sie ihm genauso gut ein Glas Wasser ins Gesicht schütten können. Er war so erschrocken und verletzt von ihrem Tonfall, dass er blinzelte und zuerst wie versteinert war. Dann traten ihm die Tränen in die Augen und er schaute weg, vielleicht weil er sich am liebsten versteckt hätte.

Ihre gedankenlose Bemerkung hatte ihm direkt ins Herz geschnitten und ihn verwundet. Er war verwirrt, verstört – und mir brach es fast das Herz, dabei zuzusehen. Das Schlimmste war: Seine Mutter war so auf die Ansage konzentriert, dass sie es gar nicht bemerkte, wie sehr sie ihren Sohn verletzt hatte.

Ich erzähle diese Geschichte hier nicht, um die Mutter zu kritisieren, sondern weil ich in dem Augenblick, da sich das alles vor meinen Augen abspielte, an die tausend Situationen dachte, in denen ich mich gegenüber meinen kleinen Töchtern genauso verhalten hatte: Ich hatte es zugelassen, dass mich Situationen überwältigten und mir meinen Frieden raubten, sodass ich aus meiner Sorge heraus unbewusst hart reagierte.

Mir tat der Junge leid, aber auch die Mutter. Sie würde unter den Folgen dieses Zwischenfalls ebenfalls leiden, weil sie sich seines Lichtes beraubt hatte. Ich griff sofort nach meinem Handy und rief nacheinander meine beiden Töchter an, um ihnen zu sagen, wie sehr es mir leidtue um all die Male, wo ich in der Vergangenheit hart oder unfreundlich zu ihnen gesprochen hatte.

Beide lachten und meinten, ich solle mir jetzt keine Sorgen mehr machen, alles sei in Ordnung. Aber solange ich nicht gesagt hatte, dass es mir leidtat, fühlte es sich für mich so an, als raubte mein früheres unfreundliches Verhalten mir heute etwas von der Nähe und dem Licht, das ich jetzt mit meinen Töchtern teilen möchte. Ich fühlte mich besser, nachdem ich etwas von meiner Unfreundlichkeit wieder aufgelöst hatte. Es beruhigte meine Emotionen.

Freundlich zu sein erfordert Disziplin und geht nur leicht, wenn Sie sich klar entschieden haben, Ihren GEIST mehr zu leben und zu lieben als Ihr Ego. Der GEIST ist empfindsam und sich des Göttlichen in allem bewusst; also möchte er nur freundlich und zugewandt sein. Ein unfreundliches Verhalten gefällt ihm nicht, das findet nur Anklang bei unserem falschen ungeduldigen Ego.

Um zu anderen wirklich freundlich zu sein, müssen Sie gegenüber sich selbst freundlich sein. Wenn Sie mit sich selbst unsensibel und ungeduldig umgehen, wird Ihre innere Schwingung gestresst und ärgerlich sein. Freundlichkeit gegenüber sich selbst ist das Geschenk, das sich immer weiter vermehrt. Sich selbst gegenüber freundlich zu sein bedeutet, Ihren GEIST zu schätzen und zu lieben und Ihr inneres Licht zu nähren.

Freundlichkeit bedeutet, sich dafür zu entscheiden, das Göttliche in allem zu ehren, auch in sich selbst. Bis das zur Gewohnheit wird, muss es geübt werden. Entwickeln Sie die innere Disziplin, sich gegenüber sich selbst und anderen Freundlichkeit anzugewöhnen. Erlauben Sie dem Ego nicht mehr, Sie zu misshandeln, und seien Sie bei jeder sich bietenden Gelegenheit freundlich.

Freundlichkeit gegenüber sich selbst beginnt damit, sich um seine grundlegenden Bedürfnisse zu kümmern: Essen Sie Nahrung, die gut für Sie ist? Essen Sie regelmäßig? Gehen Sie rechtzeitig schlafen? Haben Sie ein gutes Kopfkissen? Nehmen Sie sich Zeit zum Ausspannen? Diese einfachen, grundlegenden Freundlichkeiten mildern die Härten des Lebens und nähren Ihren GEIST.

Es ist ein weiterer grundlegender Aspekt der Freundlichkeit gegenüber sich selbst, sich gesunde Grenzen zu gönnen und sie gegenüber anderen klar und direkt zum Ausdruck zu bringen. Die meisten von uns haben gelernt, wir hätten kein Recht auf persönliche Grenzen und es sei egoistisch, Nein zu sagen oder eigene Bedürfnisse zu berücksichtigen. Zum Glück verschwindet diese Schule des aufopferungsvollen Denkens allmählich und wir werden stärker ermutigt, klar und ohne Schuldgefühle um das zu bitten, was wir brauchen. Doch alte Gewohnheiten sind zäh. Wenn wir jahrzehntelang gesehen und gehört haben, zu einem liebevollen Verhalten gehöre es, sich selbst aufzugeben, dann kann es schwer sein und Ermutigung erfordern, unsere eigenen Bedürfnisse zu spüren und für sie einzustehen.

Eine junge Klientin erzählte mir von ihren Schwierigkeiten im College. Der größte Teil ihrer Mitstudenten konsumierte viel Alkohol, rauchte Haschisch und lärmte Nacht für Nacht herum. Häufig polterten sie dabei ins Zimmer meiner Klientin. Sie wollte an diesen Exzessen nicht teilhaben, aber auch nicht unfreundlich sein, also wehrte sie sich nicht und hielt den dummen Sprüchen nichts entgegen. Doch je weniger sie sagte, desto schlimmer wurde es.

Wenn sie ihren Rausch ausgeschlafen hatten, sagten ihr ihre Mitstudenten oft, wie sehr sie sie schätzten und wie toll sie es fanden, dass sie so gelassen mit ihrem selbstzerstörerischen und störenden Verhalten umging. Doch irgendwie fühlte sich das »Lob« nicht so gut für sie an, wie sie gedacht hatte. Genau genommen ging es ihr danach schlechter.

Sie bewertete ihre Toleranz gegenüber den anderen zwar als Freundlichkeit, doch die mangelhafte Beachtung ihrer eigenen Empfindungen schadete ihr. Sie bekam nicht genug Schlaf und merkte es im Unterricht. Allmählich baute sich in ihr eine Wut auf, die sie dann nicht nur an ihren Freunden im Wohnheim, sondern auch an ihren Eltern und Geschwistern ausließ.

Nach einer Weile hatten diese genug davon und schickten sie zu mir. Sie waren ihre Wutausbrüche leid und wussten nicht, wo sie herrührten und wie sie sich davor schützen könnten. Sie selbst wusste sich auch keinen Rat. Ich half ihr, zu erkennen, wie unbewusst und unfreundlich sie mit ihrem GEIST umging, wenn sie gegenüber ihren Schulkameraden keine Grenzen setzte. Es war nicht nur unfreundlich gegenüber ihr selbst, sondern auch gegenüber ihrer Familie und letztlich sogar gegenüber ihren Mitschülern, denn es ist nicht nett, dem Ego der anderen zu erlauben, sich unsensibel und rücksichtslos aufzuführen. Ihre sogenannte Freundlichkeit bestärkte die anderen in ihrem groben Verhalten und ermutigte sie, so weiterzumachen. All das konnte durch etwas Klarheit leicht beendet werden. In ihrem Fall wäre ein simples »Hey Leute, zieht weiter, ich will schlafen!« vielleicht schon ausreichend gewesen, um die Situation zu verändern.

Ich erklärte ihr, wie freundlich es ist, Grenzen zu setzen und zu manchem ein klares Nein zu sagen. Sie hörte zu und probierte es aus. Es war ihr unangenehm, den Mund aufzumachen, aber sie musste es auch nur einmal tun. Ihre Freunde kapierten die Botschaft und feierten woanders weiter. Danach fühlte sie sich besser und die anderen auch.

Wenn wir uns keine gesunden Grenzen gönnen, lassen wir uns überwältigen und vergiften unsere Gefühle. Das führt oft dazu, dass wir dann den falschen Leuten gegenüber harsch reagieren und einen Teufelskreis in Gang setzen.

Nein zu sagen ist nicht unhöflich. Aber Ja zu sagen, wenn man Nein meint, ist unfreundlich, weil es irreführend und verwirrend ist. Dann sagen Sie in der Situation vielleicht Ja, weil es Ihnen so angenehmer ist, aber später fordern Sie von den anderen einen Ausgleich – oft gerade dann, wenn die anderen nicht damit rechnen oder nicht dazu bereit sind. Ein ohne Drama oder Zögern geäußertes Nein ist ein Segen für alle. Wenn Sie mit gesunden Grenzen leben, erzeugen Sie einen Rahmen, um anderen aufrichtig, ohne Verwirrung oder Manipulation zu begegnen. Dann fühlen sich alle sicherer und besser geerdet.

Die Bedeutung gesunder Grenzen kann gar nicht überschätzt werden. Es ist Ihre Aufgabe, klar zu erkennen, was sich für Sie richtig anfühlt. Nur dann können Sie Ihre Grenzen auch gegenüber anderen zum Ausdruck bringen, statt darauf zu hoffen, dass diese es schon erraten werden. Es ist unfreundlich, das von ihnen zu erwarten. Es ist sehr viel liebevoller, klar und direkt zu sein, als andere durch vages oder passiv-aggressives Verhalten zur Erfüllung Ihrer Bedürfnisse manipulieren zu wollen.

Ihre Grenzen zu kennen ist leichter, als es klingt. Wenn Sie sich gereizt, ärgerlich oder frustriert fühlen, ist das ein klares Zeichen, dass Ihre Grenzen überschritten wurden. Sobald diese Gefühle in Ihnen auftauchen, können Sie sich folgende Fragen stellen:

- Habe ich Ja gesagt, obwohl ich Nein meinte?
- Habe ich versäumt, meine Bedürfnisse kundzutun?
- Habe ich mich auf etwas eingelassen, was nicht im Einklang ist mit meinem GEIST?
- Bin ich in einer Situation geblieben, der sich mein GEIST gerne entziehen wollte?
- Bin ich bereit, das jetzt zu ändern?
- Treffe ich eine Entscheidung, die mir den Druck nimmt?

Mit diesen einfachen Fragen fangen Sie an, Ihre Bewusstseinsmuskeln zu trainieren, und helfen sich, mehr mit dem in Übereinstimmung zu gelangen, was für Ihren GEIST liebevoll ist. In dem Augenblick, wo Sie sich so verhalten, wie es Ihr GEIST als freundlich empfindet, wird Sie das Universum darin unterstützen, gesündere Grenzen zu setzen. Erst wenn Sie sich erlauben, Ihre Grenzen zu kommunizieren, kann sich etwas verändern.

Ein weiterer Weg, grundlegend freundlich zu sich zu sein, besteht darin, Entscheidungen zu treffen, die Druck aus Ihrem Leben nehmen, statt von Tag zu Tag in einem ständigen Alarmzustand zu verharren. Freundlichkeit wurzelt im praktischen Leben. Je besser geerdet und je realistischer Sie in Ihren Verbindlichkeiten sind, desto weniger Stress haben Sie – das heißt, umso friedvoller und freundlicher können Sie sein.

Ich erzähle in diesem Zusammenhang gerne von einem Fernsehinterview mit dem Dalai Lama: Der Moderator fragte ihn, was er tue, um immer so zentriert, freundlich und liebevoll zu sein. Der Dalai Lama antwortete einfach: »Ich mache mich bei Verabredungen rechtzeitig auf den Weg.«

Der Moderator hatte wohl eher eine tiefgründige metaphysische Antwort erwartet und war perplex, etwas so Alltägliches zu hören. Doch in diesen kleinen alltäglichen Entscheidungen setzen wir den Grundton unseres Lebens. Wenn wir uns bei Verabredungen rechtzeitig auf den Weg machen, bleiben wir ruhig und in unserem GEIST zentriert. Gehen wir spät los, erzeugen wir in unserem Ego Drama, Stress und Angst.

Die Freundlichkeit, mit der der Dalai Lama durch dieses einfache Vorgehen für sich sorgte, ist leicht umsetzbar. Indem er seinen Zeitplan realistisch strukturiert, macht er einen wichtigen Schritt, um zu allen freundlich sein zu können.

Wenn wir einen guten Rhythmus wählen, gibt es keine Eile und wir bleiben entspannt. Wir vermeiden Stress und leben im GEIST der Gnade.

Letztlich bedeutet Freundlichkeit, sich dessen bewusst zu sein, dass wir alle göttliche Wesen sind, die sich lernend auf ihre Meisterschaft hin entwickeln. Freundlichkeit ist handelnde Liebe. Sie beschleunigt das Wachstum unserer Seele und stärkt unseren inneren Frieden.

Freundlich zu sein bedeutet auch, das Tempo zu reduzieren, sich zu entspannen und mehr nach Qualität als nach Quantität zu streben. Sie verbreitet sich durch die Welt wie Wellen auf einem Ozean. Ihre Freundlichkeit löst Freundlichkeit in einem anderen aus, der sich dann gegenüber anderen genauso verhält, und so heben wir allmählich alle gemeinsam den Tonus der Welt auf einen respektvollen und liebevollen Umgang mit allen an.

Freundlichkeit ist mehr ein Zulassen als ein Tun. Sie erlaubt Fehler; sie lässt Raum für Zeit und Geduld. Sie fördert Ermutigung und Vergebung. Sie erlaubt uns allen, unserer Lernkurve ohne Scham und Schuld nachzugehen und der Würde unseres GEISTES Ausdruck zu verleihen.

Gestehen Sie sich und anderen mehr Freundlichkeit zu. Es ist ein selbstliebender Ausdruck des GEISTES, der sich durch Gebrauch vermehrt.

Die Praxis: Der Intuition folgen

Indem Sie Ihrer Intuition folgen und ihr erlauben, Ihr Leben zu leiten, haben Sie die ultimative und vielleicht stärkendste aller Entscheidungen gewählt, die Sie zum liebevollen Umgang mit Ihrem GEIST treffen können.

Jeder von uns ist mit einem sechsten Sinn begabt, welcher der Mitte unseres Herzens entspringt. Dieser sechste Sinn ist unsere Intuition, was wörtlich übersetzt »innerer Lehrer« heißt. Dieser innere Lehrer ist die Stimme unseres authentischen Selbst, unseres GEISTES. Es ist die Weisheit der Quelle, die unser Leben leitet. Unserer Intuition zu folgen bedeutet, unsere Göttlichkeit zu verwirklichen. Wir erleben sie als ein Bauchgefühl, einen Aha-Effekt, einen Geistesblitz. Manche spüren sie nur ganz subtil, andere stärker – doch wie auch immer Sie sie wahrnehmen, sie ist uns allen verfügbar.

Der erste Schritt, Ihrer Intuition zu vertrauen, besteht darin, sie als Ihre größte Gabe zu erkennen und ihr den verdienten Respekt zu zollen. Wenn Sie sie würdigen, wird es leichter, ihr zu vertrauen. Ihre Intuition spricht aus Ihrem Herzen und Ihrem GEIST. Ihr Herz um Rat zu bitten und dann zu lauschen, ist der einfachste Weg, um zu Ihrer Intuition Zugang zu gewinnen.

Sie können leicht eine Antwort aus Ihrem Herzen spüren, wenn Sie Ihre Hand direkt auf Ihr Herz legen und laut aussprechen: »Mein Herz sagt …«, und dann hinhorchen.

Es hilft natürlich auch, sich währenddessen sicher zu fühlen, also ist es sinnvoll, sich eine ruhige Atmosphäre zu verschaffen. Schalten Sie alle Ablenkungen aus, vergewissern Sie sich, dass die Kinder beschäftigt sind, und schalten Sie das Telefon ab. Diese Technik funktioniert am besten, wenn Sie alles laut aussprechen können. Wenn das Herz spricht, spüren Sie die Energie und Schwingung Ihres GEISTES. Sie fühlt sich ganz anders an als jene Ihres Ego – sie ist klar, ruhig und friedvoll, weil sie mit dem Göttlichen verbunden ist.

Hier sind ein paar weitere Tipps, wie Sie sich mit Ihrer Intuition verbinden können:

• *Sich Zeit nehmen:* Um Ihrer Intuition Raum zu geben, ist es hilfreich, sich ein wenig Zeit zu gönnen, bevor Sie auf eine Situation reagieren. Nutzen Sie die Zeit für einen Spaziergang, schreiben Sie ein paar Minuten lang Tagebuch, meditieren Sie oder trinken Sie eine Tasse Tee und spüren Sie dabei, wie Sie sich fühlen. Das

Ego ist eine intensive und manchmal übereifrige Maschine, die Sie von Ihren intuitiven Gefühlen ablenkt. Es ist wichtig, sich dieser Ablenkungen bewusst zu werden und sie zu überwinden, indem Sie sich Zeit nehmen, um nach innen zu lauschen.

• *Atmen:* Mithilfe von ein paar tiefen Atemzügen können Sie ebenfalls mit der Intuition in Kontakt kommen. Es dauert nur ein paar Momente, durch die Nase einzuatmen und dann mit einem »Aah« durch den Mund auszuatmen. Diese Atemtechnik beruhigt das Ego und öffnet das Herz.

• *In sich gehen:* Oft ist es auch hilfreich, nicht gleich andere nach ihrer Meinung zu fragen, sondern erst in sich zu gehen und der eigenen Intuition nachzuspüren. Selbst der am besten gemeinte Rat kann Sie von Ihrer eigenen Weisheit ablenken.

• *Darüber reden:* Wenn es darum geht, Ihren sechsten Sinn zu verfeinern, kann es auch sehr unterstützend sein, Ihre Gefühle zu verbalisieren. Manchmal können Sie prüfen, ob eine bestimmte Entscheidung richtig ist, indem Sie auf Ihre Schwingung achten, wenn Sie darüber reden.

Vor Kurzem habe ich einen jungen College-Studenten engagiert, um für mich ein paar Videoaufnahmen zu machen. Er war mir sehr empfohlen worden, doch als ich mit meinem Manager über ihn sprach, spürte ich in jeder Zelle, dass der Student die Sache nicht gut machen würde. Ich versuchte, das Gefühl zu ignorieren, doch je mehr ich über ihn sprach, desto intensiver merkte ich, dass die Zusammenarbeit eine Enttäuschung würde.

Ich vertraute meinem Impuls und senkte meine Erwartungen. Nach der ersten Aufnahme bat ich um eine kurze Pause; ich wolle mir die Aufnahme erst ansehen. Und tatsächlich war alles unbrauchbar. Weil ich meiner Intuition vertraut hatte, regte es mich nicht sonderlich auf. Ich vergeudete keine Zeit mehr, sondern organisierte sofort für den nächsten Tag einen besseren Mitarbeiter. Hätte ich nicht darüber gesprochen, wäre mir die Botschaft, dass der junge Mann nicht der Richtige für diese Aufgabe war, wahrscheinlich nicht so schnell ins Auge gesprungen und ich hätte deutlich mehr Zeit verloren. Durch das Gespräch war ich in Kontakt mit meiner Intuition und konnte die Situation rasch umlenken.

• *Tagebuch schreiben:* Auch Tagebuchaufzeichnungen verfeinern Ihre Intuition sehr schön. Notieren Sie einfach den Satz »Meine Intuition rät mir …« und lassen Sie dann die Worte etwa eine Viertelstunde lang unzensiert aus Ihrem Bewusstsein strömen. Sie werden staunen, was sich Ihnen da zeigt.

Eine Ärztin aus England hat diese Methode ausprobiert und schrieb daraufhin:

»Meine Intuition rät mir, meine Privatpraxis aufzugeben und nach Neuseeland zu ziehen. Meine Intuition sagt mir, dass ich in der Schulmedizin unglücklich bin und lieber mit ganzheitlichen Methoden arbeiten möchte. Meine Intuition sagt mir, dass meine Eltern und meine Freunde meine Ideen ablehnen werden. Meine Intuition rät mir, es trotzdem zu tun. Meine Intuition sagt mir, dass ich sehr glücklich und erfolgreich sein werde, wenn ich es tue.«

Überrascht erkannte sie, wie unglücklich sie bei ihrer Arbeit war. Das Schreiben hatte ihr gezeigt, dass sie andere Möglichkeiten und geheime Träume hatte, die dicht unter der Oberfläche ihres Bewusstseins lagen. Es zeigte ihr auch, wie sehr sie ihr Leben an der Anerkennung anderer ausgerichtet hatte und nicht an dem, was sie glücklich machte.

Diese Erkenntnis rüttelte sie auf. Sie nahm sie sich zu Herzen und kündigte ihre Praxis. Wie erwartet hielten ihre Eltern und Freunde sie für verrückt. Doch dank ihrer Intuition ließ sie sich nicht beirren und zog nach Neuseeland. Dort fand sie eine leichtere Arbeit als Massagetherapeutin, außerdem einen wundervollen Ehemann, mit dem sie zwei Söhne bekam. Sie berichtete, sie habe ihre Entscheidung nie bereut und sich nie zurückgesehnt. Bis zum heutigen Tag schreibt sie Tagebuch, um sich Rat zu holen, und findet ihn immer.

Wenn Sie durch Schreiben Ihre Intuition befragen, sollten Sie die Antworten nicht analysieren. Notieren Sie einfach Ihre Gefühle und tun Sie vorerst nichts weiter, es sei denn, Ihre Intuition verlangt lauthals nach einer Kurskorrektur, wie bei der Ärztin aus England, oder Sie gewinnen den Eindruck, die Zeit werde knapp – wie zum Beispiel bei einer Klientin, die aufschrieb: »Meine Intuition rät mir, meine Mutter zu besuchen, bevor es zu spät ist.«

Ihre Mutter war seit Längerem krank; es war klar, dass sie irgendwann an dieser Krankheit sterben würde, aber es war nicht damit zu rechnen, dass das sehr bald geschehen würde. Meine Klientin nahm den Hinweis jedoch ernst und besuchte ihre Mutter am nächsten Wochenende.

Zwei Tage nachdem sie wieder zu Hause war, starb ihre Mutter an einem schweren Herzanfall, der nichts mit ihrer eigentlichen Krankheit zu tun hatte.

Der Schlüssel zur Würdigung Ihrer Intuition liegt darin, Ihre Impulse zum Ausdruck zu bringen und zu beobachten, wie sie sich energetisch anfühlen. Ihr Körper reagiert direkt auf Ihren sechsten Sinn. Echte Intuition bewirkt in der Regel ein Gefühl der Ruhe oder Zufriedenheit, selbst wenn es eine Änderung Ihrer ursprünglichen Pläne bedeutet. Wenn Ihr GEIST gehört wird, fühlen Sie sich friedvoll.

Doch um sich selbst zu lieben und Ihren GEIST zu leben, ist der Kontakt mit Ihrer Intuition erst die Hälfte der Gleichung. Die größere Herausforderung liegt darin, auch entsprechend zu handeln. Viele Menschen wollen ihrer Intuition trauen, wagen es jedoch nicht, und später tut es ihnen leid.

Beginnen Sie damit, in kleinen, ungefährlichen Alltagssituationen gemäß Ihrer Intuition zu handeln. Sagt Ihre Intuition zum Beispiel, Sie sollen auf einem anderen Weg als dem üblichen von der Arbeit nach Hause fahren, tun Sie es! Vergeuden Sie keine Zeit damit, sich nach dem Grund zu fragen. Geben Sie bei unscheinbaren Situationen mit wenig Konsequenzen Ihrem Bauchgefühl eine Chance, Sie zu beeinflussen, dann werden Sie lernen, darauf zu vertrauen. Außerdem verleiht es Ihrem Leben eine erfrischende, spontane Note, gibt Ihrem Ego eine Auszeit und Ihrem GEIST die Gelegenheit, die Führung zu übernehmen.

Der wesentliche Begriff hierbei ist Vertrauen. Indem Sie Ihrer Intuition in kleinen Dingen nachgehen, entwickeln Sie das notwendige Selbstvertrauen, um auch hinsichtlich wichtigerer Fragen auf sie zu bauen. Außerdem übt Ihr Ego dabei, einen Schritt zurückzutreten und Ihrem GEIST die Zügel zu überlassen.

So lernen die zwei Aspekte Ihres Selbst – Ihr Ego-Geist und Ihr göttlicher GEIST –, miteinander zu kooperieren und sich anzufreunden. Das Ego beruhigt sich, wenn es sieht, wie positiv es sich auswirkt, der Intuition zu folgen. Und Ihr GEIST ist entspannt, weil er seine angemessene Rolle als Richtschnur Ihres Lebens übernehmen darf.

Dies ist die leichteste Art, zu leben: mit Kopf und Herz im Einklang. Es wird nicht alle Ihre Probleme lösen, Ihrer Intuition zu folgen, aber es wird viele von ihnen leichter machen. Es erhöht auch deutlich Ihre Chancen, schwierige Lebensphasen zu meistern.

Ihre Intuition ist die leitende Stimme Ihres Lebens. Sie ist das Licht in der Dunkelheit und die höchste Autorität in allen Angelegenheiten. Ihr zu vertrauen und zu folgen, bestätigt Sie darin, dass Sie ein göttliches, von der Quelle geleitetes Wesen sind und kein Opfer des zufälligen Chaos einer verrückten Welt. Sie lassen die Welt der Angst hinter sich – zumindest weitgehend. Mit mehr Frieden und Klarheit fangen Sie an, zu begreifen, dass es ganz einfach ist, eine Richtung im Leben zu finden: Sich selbst zu lieben bedeutet, seinen GEIST zu leben. Und seinen GEIST zu leben heißt, immer und in jeder Hinsicht der eigenen Schwingung zu vertrauen.

Epilog

Als ich die Arbeit an diesem Buch abschloss, fragte ich meinen GEIST, was der einfachste Weg sei, sich selbst zu lieben und den inneren GEIST zu leben. Als Antwort vernahm ich das Folgende:

Sonia, das Leben ist ein Theater. Als Seelen kommen wir hierher, um zu lernen, zu leben, zu lieben, zu kreieren und zu vergeben. Jedes Leben ist wie ein Theaterspiel. Wir nehmen verschiedene Rollen ein: Manche sind Helden oder Heldinnen, einige sind Schurken, andere sind Opfer, und wieder andere sind Clowns und Narren. Es ist nicht so wichtig, welche Rolle wir spielen, denn am Ende kennen wir sie alle. Das einzig wirklich Bedeutende ist, dass wir uns erinnern, es ist alles ein göttliches Spiel und wir – als göttliche Wesen – sind die kreativen Autoren, Regisseure und Schauspieler jeder Szene.

Das Spiel dreht sich darum, uns daran zu erinnern, dass wir hier sind, um als göttliche Wesen schöpferisch zu sein – und uns all die schlechten Stücke zu verzeihen, die wir verfasst haben oder in denen wir aufgetreten sind, und es noch mal zu probieren. Es wird immer noch eine Szene geben, noch eine Chance, noch eine Gelegenheit, es richtig zu machen, denn wir haben einen freien Willen und können es immer noch einmal anders angehen, wenn wir wollen. Das beste Stück ist jenes, in dem wir hemmungslos lieben, über alles lachen, schnell und komplett vergeben und vergessen und ewig dankbar sind für die Chance, in diesem göttlichen Theater genannt »Leben« an erster Stelle mitspielen zu dürfen.

Nach allem, was ich in diesem Buch geschrieben habe, meine ich, dass mein GEIST – der GEIST, den wir alle gemeinsam haben – es am einfachsten und besten auf den Punkt gebracht hat. Meinen Sie nicht auch?

Dank

Ich möchte dieses Buch meiner Familie widmen, sowohl meiner biologischen Familie als auch meiner Seelenfamilie; dazu gehören:

Mein Mann Patrick und meine beiden Töchter Sonia und Sabrina, die meine Aufgabe verstehen und unterstützen und mich klaglos mit so vielen teilen.

Meine Mutter und mein Vater, Sonia und Paul Choquette, die mir früh im Leben beibrachten, dass Freude unser gottgegebenes Geburtsrecht ist, das ich in Anspruch nehmen darf.

Meine Brüder und Schwestern Cuky, Stefan, Neil, Anthony, Noelle und Soraya, die meinen GEIST kennen und spiegeln und mich wie niemand sonst zum Lachen bringen.

Meine »Translucent You Familie« Cuky, Mark, Karl, Kyle, Crystal, Michelle, Debra, Kimo und Bradd, die immer wieder das Beste in mir herausfordern und furchtlos mit mir das Leben feiern.

Meine künstlerischen Begleiterinnen Julia Cameron und Linda Kahn, die mir halfen, meine literarischen Ideen zu richtigen Büchern zu formen.

Meine »Hay House Familie« Reid, Louise, Mollie, Jill, Alex, Nancy, Chris, Adrian, Margarete, das Publicity Team und all die anderen hinter den Kulissen, die in jeder Hinsicht an mich glauben und die mich und meinen GEIST immer königlich und mit höchstem Respekt behandelt haben.

Meine Freunde und Nachbarn sowohl hier als auch in Frankreich, mit denen ich das ganze Jahr über Gemeinschaft feiern kann. LuAnn Glatzmaier, die mich ermutigt hat, wenn ich nicht mehr weiterwusste, und mich immer wieder daran erinnerte, dass es einfach ist. Erica Trojan und Jessica Burnett, die mir guten Rat gaben, als ich von der Idee für dieses Buch erzählte. Valentina Grodzena, die mein Zuhause in Ordnung hält. Ann Kaiser, die meine chaotischen Notizen liebevoll und schnell in ein Arbeitsmanuskript verwandelt hat. Und besonders danke ich von Herzen meinem Manager und Geschäftspartner Ryan Kaiser, der alles in meinem Arbeitsleben so einfach macht; du bist großartig!

Über die Autorin

Sonia Choquette ist Autorin, Geschichtenerzählerin, Energieheilerin, spirituelle Lehrerin und international bekannt für ihre Weisheit und Fähigkeit, die Seele zu heilen.

Sie hat etliche Bücher verfasst; auf Deutsch erschienen sind u.a. die Titel »Deine heimlichen Helfer: Das Geheimnis der inneren Stimmen«, »Die Aufgaben der Seele: Die göttliche Kraft in Dir«, »Medizin für die Seele: 111 Tipps für die innere Balance« und »Dem Herzen folgen«.

Sonia hat an der University of Denver und an der Sorbonne in Paris studiert und am American Institute of Holistic Theology in Metaphysik promoviert. Sie lebt mit ihrer Familie in Chicago.

Weitere Informationen unter www.soniachoquette.com und www.trustyourvibes.com

Sonia Choquette
Gib deinem Leben eine Richtung
Karten der Intuition

€ [D] 19,95
62 Karten, 8,9 x 12,7 cm, Begleitbuch 144 Seiten
ISBN 978-3-86728-158-4

Diese Orakel-Karten ermöglichen Ihnen einen unmittelbaren
Zugang zu Ihrem göttlichen Geist und damit zu gezielten Hinweisen für alle möglichen Herausforderungen des Lebens. Jede Karte
gibt Ihnen nicht nur Rat im Hinblick auf das jeweilige Problem,
sondern festigt auch Ihren Weg zu Ihrem Höheren Selbst, wo Sie
frei sind von den Ängsten und Turbulenzen des Ego. Lassen Sie
sich mit den Karten und dem Begleitbuch konkret eine Richtung
weisen; meditieren Sie damit; beantworten Sie allgemeine Fragen zu Ihrem Leben und Ihrer Lebensaufgabe; helfen Sie anderen
weiter; und verbinden Sie sich mit jenem Aspekt Ihres Wesens, der
frei von Drama und Stress in Freude und innerem Frieden lebt!